La France
de l'à-peu-près

Du même auteur

Pour un libéralisme populaire, Éditions de l'Observatoire, 2022.

Homo sanitas. Histoire et avenir de la santé, XO, 2021.

L'Amour augmenté, Éditions de l'Observatoire, 2020.

Inventons la mondialisation de demain, coll. « Et après ? », Éditions de l'Observatoire, 2020.

Sagesse et folie du monde qui vient : comment s'y préparer, comment y préparer nos enfants ?, avec Luc Ferry, XO, 2019 ; J'ai lu, 2020.

La Comédie (in)humaine, avec Julia de Funès, Éditions de l'Observatoire, 2018 ; J'ai lu, 2020.

Le travail est l'avenir de l'homme, Éditions de l'Observatoire, 2017.

L'innovation sauvera le monde, Plon, 2016.

Le Grand Refoulement. Stop à la démission démocratique, Plon, 2015.

Pourquoi la lucidité habite à l'étranger ? Le tour d'Europe d'un économiste qui guette le réveil français, JC Lattès, 2015.

On entend l'arbre tomber mais pas la forêt pousser. Croire en l'économie de demain, JC Lattès, 2013.

La Politique de la jeunesse, avec Luc Ferry, Odile Jacob, 2011.

Le Chagrin des classes moyennes, JC Lattès, 2011.

Le Capitalisme idéal, Éditions d'Organisation, 2010.

Krach financier. Emploi, crédits, impôts : ce qui va changer pour vous, Éditions d'Organisation, 2008.

Petit Précis d'économie appliquée à l'usage du citoyen pragmatique, Éditions d'Organisation, 2007.

Les Mécanismes du marché. Éléments de microéconomie, Bréal, 2006.

Nicolas Bouzou

La France de l'à-peu-près

Éditions de L'Observatoire

ISBN : 979-10-329-1949-1
Dépôt légal : 2023, février

170 *bis*, boulevard du Montparnasse, 75014 Paris

Introduction

Pouvoir d'achat, santé, écologie, éducation, sécurité : les Français sont plus exigeants que jamais. Dans chacun de ces domaines, ils demandent le meilleur et sont peu enclins à pardonner les erreurs commises par leurs dirigeants, qui essuient des pluies de critiques quand ce ne sont pas des insultes. Les politiques le savent, qui sont quotidiennement pris à parti par des concitoyens qui se plaignent de tel ou tel dysfonctionnement, de telle ou telle insuffisance. Pourquoi les prix augmentent-ils ? Pourquoi mon salaire est-il si bas ? Pourquoi ma ville est-elle si polluée ? Pourquoi dois-je attendre plusieurs semaines pour consulter un médecin ? Pourquoi risque-t-on des coupures d'électricité ? Pourquoi les pistes cyclables ne sont-elles pas mieux sécurisées ? Pourquoi ne puis-je pas rentrer chez moi la nuit en toute sécurité ? Pourquoi l'école de mon village ferme-t-elle une classe ? Ces questionnements correspondent à des aspirations parfaitement légitimes, surtout dans un pays où la sphère publique est si développée et les prélèvements obligatoires si lourds. Après tout, quel citoyen ne vise pas un mode de vie matériellement confortable, dans un pays sûr et écologique ? Le problème, c'est que notre pays ne se donne pas les moyens de cette excellence, et ce hiatus qui flirte avec la velléité est au cœur de la crise psychologique française : nous sommes victimes du syndrome de « l'à-peu-près ».

Dans la plupart des domaines, les performances françaises ne sont pas catastrophiques, mais elles sont loin d'être excellentes. Notre pays ne tombe pas, il vivote. Il veut les résultats de l'effort, mais ne fait pas suffisamment d'efforts. Notre économie ne se porte pas si mal, mais son avenir est hypothéqué par le poids de la bureaucratie et par un manque d'excellence en matière de recherche et d'innovation. La France obtient de bons résultats en matière écologique, mais nos atermoiements successifs sur le nucléaire comme sur les énergies renouvelables nous placent en risque de dépendance énergétique, et donc écologique. Notre système de santé a longtemps fait notre fierté et une partie des Français peut encore se faire soigner correctement, mais l'idéologie et les corporatismes empêchent notre pays de développer un secteur sanitaire adapté aux enjeux du XXIe siècle. La politique menée par le président Macron depuis le début de son premier quinquennat illustre parfaitement ce syndrome. Dans la plupart des domaines, cette politique va dans la bonne direction, raison pour laquelle je l'ai la plupart du temps soutenue dans mes prises de parole publiques. C'est le cas en particulier dans le champ économique, où nos performances en matière d'emploi ou d'attractivité industrielle s'améliorent. Simplement, les réformes entreprises ne vont pas assez loin, délaissent certains détails, ne sont pas appliquées avec suffisamment de rigueur, ne combattent quasiment jamais la bureaucratie, qui étouffe les initiatives, d'où la situation actuelle : un pays qui ne décroche pas contrairement à ce que serinent les oppositions, mais un pays qui ne se redresse pas vraiment non plus, contrairement à ce que répète la majorité. Nos politiques publiques méritent un 12/20 quand les Français ne sont pas satisfaits en deçà de 18/20. Rejeter la faute exclusivement sur le président et sa majorité (désormais relative), voire sur l'ensemble de la classe politique, serait commode et flatterait l'opinion dans notre pays à l'histoire révolutionnaire, mais cela relèverait d'une erreur d'analyse. Car la faute est collective. Elle est la conséquence d'un état d'esprit général. C'est la France dans son ensemble, société civile, syndicats, classe politique, intellectuels, qui pratique cette stratégie de « l'à-peu-près » : une stratégie de la régulation des efforts, de la satisfaction à court terme, du manque de lucidité, mais qui débouche sur un sentiment de frustration relatif à des résultats décevants.

Cette stratégie, le plus souvent inconsciente, de « l'à-peu-près » ne peut pas déboucher sur une France confiante, paisible et politiquement stable. D'accord, les Français attendent l'excellence sans s'en donner collectivement les moyens. Mais cette posture porte en elle une incohérence. Cet « à-peu-près » se révèle un choix dangereux au regard de notre histoire. En effet, la France est un pays singulier et fébrile, ce qui le rend passionnant. Son destin n'est pas celui d'un pays « tranquille » ou « normal ». Nous ne serons jamais le Danemark ou la Suisse (deux merveilleux pays en de nombreux aspects). La France est le pays de la fronde, de la révocation de l'édit de Nantes, de Pétain et de la collaboration, du général de Gaulle et de la Résistance, des Trente Glorieuses, du chômage de masse. La France est un pays agité, un moteur à explosion dans lequel il se passe un évènement toutes les minutes. C'est ce qui rend son destin si imprévisible et fascinant. En France, le pire arrive mais le meilleur peut aussi survenir à tout moment. C'est la raison pour laquelle l'idée que l'on doit se faire de la France ne s'incarne pas dans un avenir tiède. L'« à-peu-près » est sans doute un choix inconscient. L'objet de ce livre est de montrer aux Français que ce choix inconscient et insatisfaisant pour eux rend notre pays intranquille et instable. Surtout, nous pourrions faire tellement mieux ! Au fond, l'avenir de la France ne peut s'inscrire que dans deux directions : le pire, incarné aujourd'hui par les populismes de droite et de gauche, ou l'excellence. Ce livre est *in fine* une bouteille à la mer pour que notre pays ne s'abandonne pas aux extrêmes et emprunte la voie de l'effort, de l'investissement et de l'excellence, la seule qui soit conforme à l'idée que l'on devrait se faire du « génie français ».

1

Les défis français

C'est peu de dire que la France navigue dans une mer agitée, qui rend risquée l'absence de lucidité et de courage. Notre modèle social est attaqué par la démographie, notre sécurité est menacée par la Russie (et peut-être par d'autres pays demain), la limitation et l'adaptation au réchauffement climatique exigent de prendre des mesures inédites et coûteuses, tout cela sous contrainte de plus en plus forte de finance publique. Il est facile de comprendre qu'une stratégie de l'« à-peu-près », dans ce contexte, conduira notre pays à la catastrophe.

Préserver notre modèle social

Notre modèle social est fantastique et menacé. Il fait partie de l'identité française et aucune personnalité politique qui souhaite un destin national durable ne peut le remettre en cause. Hérité de la Libération, il est cité en exemple dans le monde entier, aux

États-Unis notamment, par des figures prestigieuses comme le Prix Nobel d'économie Paul Krugman. Il est la matérialisation du contrat social français qui peut s'énoncer comme suit : chacun de nos compatriotes, quels que soient sa condition sociale, son âge, son lieu d'habitation, est financièrement protégé contre la maladie et le chômage, et a droit à une retraite qui lui permette de vivre décemment. Ces protections viennent en contrepartie d'une dépense sociale élevée, et donc de prélèvements obligatoires considérables (parmi les plus élevés du monde occidental dans les deux cas). En apparence, ce modèle social fonctionne bien. L'espérance de vie est l'une des plus élevées au monde, les Français partent en retraite tôt (avant 65 ans en moyenne), la pauvreté des personnes âgées est l'une des mieux maîtrisées dans le monde, l'assurance-chômage indemnise largement et longtemps. C'est justement parce que ce modèle social a donné, pendant des décennies, d'excellents résultats qu'il est aujourd'hui source d'angoisse, car les Français craignent d'y voir une sorte de paradis perdu. Les réformes des retraites (qui allongent la durée de cotisation) se suivent et se ressemblent, l'accès à l'assurance-chômage devient plus restrictif, le pays manque de médecins, et les conditions d'accueil à l'hôpital se dégradent au point d'entraîner des « pertes de chance » pour les patients, pour employer notre novlangue technocratique pudique.

Dit plus brutalement, les délais d'attente aux urgences génèrent des morts.

Notre État-providence est attaqué de plusieurs côtés. Premièrement, le vieillissement de la population diminue le ratio du nombre d'actifs rapporté au nombre d'inactifs (dont les retraités) et entraîne une augmentation structurelle des dépenses de santé. La démographie, toutes choses égales par ailleurs, affaiblit les recettes sociales et augmente les dépenses. Deuxièmement, nos finances publiques, à la gestion insuffisamment rigoureuse depuis des décennies, sortent essorées de la pandémie et du « quoi qu'il en coûte », mesure qu'il était par ailleurs absolument nécessaire d'activer dans ces circonstances exceptionnelles. Il est difficile, pour des raisons politiques et économiques, d'augmenter les prélèvements obligatoires dans un pays qui en détient quasiment le record mondial. En outre, les dépenses publiques globales vont être fortement sollicitées ces prochaines années, alors même qu'elles sont déjà élevées. Nous devons revaloriser et recruter des enseignants, des magistrats, des policiers. Le contexte géopolitique commande d'investir dans la défense nationale, le contexte climatique dans les infrastructures. Les pouvoirs publics devront aussi continuer d'aider ceux de nos concitoyens qui ne disposent pas de suffisamment de moyens pour changer leur chauffage, isoler leur logement, acquérir un véhicule électrique.

Dans le domaine de l'État-providence, les dépenses de santé vont augmenter sous l'effet des innovations thérapeutiques (souvent coûteuses), et la « branche dépendance » devra être dotée financièrement.

Il n'y a rien de catastrophique dans l'état des lieux qui précède. Il n'y a pas d'effondrement de notre modèle social, mais une forte pression qui dégrade son rendement. Or, d'une telle dégradation, les Français ne veulent pas entendre parler. La bonne nouvelle, c'est que l'antidote existe : le travail. Notre État-providence est parfaitement soutenable, à une condition absolument nécessaire : que chacun travaille, bien et beaucoup. Car c'est bien le travail qui est la source des revenus, sociaux ou fiscaux, qui permettent de financer notre système social. Les responsables politiques de gauche qui, par démagogie ou idéologie, prônent la réduction du temps de travail, condamnent en réalité la France à adopter un modèle anglo-saxon, beaucoup moins solidaire que le nôtre. C'est pour ces raisons que tout ce qui incite les salariés à travailler davantage (y compris les revalorisations salariales et les gratifications financières), tout ce qui conduit à partir en retraite le plus tard possible, tout ce qui stimule les chômeurs dans leur recherche d'emploi est bon pour notre modèle social et donc pour la collectivité. Voilà pourquoi allonger la durée de cotisation, en permettant d'assurer le pouvoir d'achat des pensions, est souhaitable ;

voilà pourquoi restreindre l'accès à l'assurance-chômage quand les entreprises créent massivement des emplois l'est également. L'extrême gauche et l'extrême droite, parmi leurs nombreux points communs, considèrent que notre État-providence peut être préservé, en taxant le patrimoine des riches pour les uns, en réduisant l'immigration pour les autres. Ces deux assertions sont fausses en ne voyant pas que l'État-providence n'est pas une statue en bronze, mais un corps vivant et dynamique. Si des immigrés viennent travailler et payer des cotisations, merci à eux ! Cela nous profite. Quant à l'illusion de la taxation du patrimoine des plus fortunés, elle revient à soumettre notre modèle, non pas à la dynamique des revenus des Français, mais aux cours de la bourse et aux prix de l'immobilier. Folie économique et non-sens social. Notre Sécurité sociale est paritaire, gérée bon gré mal gré par les partenaires sociaux. La faire financer par les impôts, c'est la mettre en totalité aux mains de l'État. Si la gauche française respectait un peu son histoire sociale, elle devrait détester cette idée et laisser la « Sécu » aux mains de travailleurs, financée donc, pour l'essentiel, par les revenus d'activité.

Dans notre pays, travailler, c'est aussi être solidaire. Notre modèle social, sans sa contrepartie en travail, dépérira. Nous n'y sommes pas. Nous évoluons dans une sorte d'entre-deux, où l'on pose le diagnostic du bout des lèvres sans demander aux Français de trancher : le repos ou le respect de notre contrat social.

Réarmer notre géopolitique

La puissance géopolitique s'appuie sur la puissance économique

Les Français sont passionnés par leur histoire, dont ils ont, à juste titre, une haute opinion. Sans chauvinisme, la France est l'un des pays les plus exaltants qui soient. Pays de verbe, d'imagination, de créativité, de diversité, de débats. Pays d'initiative géopolitique et de puissance aussi : grâce à l'arme nucléaire, à notre agriculture, à nos grandes entreprises, à notre rayonnement artistique. Malheureusement, cette puissance et donc notre influence ont tendance à s'affaiblir. Le verbe reste haut, mais les soubassements de cette puissance sont fragilisés. Notre agriculture perd des parts de marché, notre armée éprouverait des difficultés à tenir sur la durée une guerre de haute intensité, notre indépendance énergétique est menacée, et nous ne sommes pas des leaders technologiques. Dans le numérique, l'intelligence artificielle, la robotique ou les biotechnologies (les innovations de la « troisième révolution industrielle »), les grandes entreprises sont américaines ou chinoises, comme les grandes universités capables de travailler avec des sociétés du secteur privé. Nous avons certes des grandes écoles, des centres de recherches, des start-up innovantes, de grandes entreprises, mais nous sommes des *utilisateurs* beaucoup plus que des *créateurs* d'innovation. Cette distinction, rarement discutée en France, est pourtant fondamentale.

Pendant longtemps, nous avons déploré nos usines pas assez robotisées, nos commerces trop archaïques, nos administrations insuffisamment numérisées. Ce retard sur nombre de pays est en passe d'être rattrapé dans de nombreux secteurs (pas tous… regardons l'hôpital) pour deux raisons. D'abord, la pandémie nous a acculés à nous moderniser. La distanciation physique obligatoire, les difficultés logistiques, le télétravail ont obligé les organisations à investir, de la cybersécurité à la robotisation. Ensuite, les craintes de récession liées à la Covid-19 ont amené le gouvernement français à mettre en place, sous l'autorité de Bruno Le Maire, le plan France Relance (à l'été 2020). Ce plan très bien conçu avait pour objectif de soutenir l'économie tout en résolvant des problèmes qui n'avaient pas été réglés et qui auraient dû l'être depuis longtemps, comme le sous-investissement chronique des entreprises dans les nouvelles technologies. Ce n'est peut-être pas glorieux, mais à force d'aides, de subventions, c'est-à-dire d'argent public, les entreprises ont davantage incorporé ces innovations. Ce problème est donc en voie de résolution, ce qui est une excellente chose pour notre productivité et notre compétitivité. Nous en tirerons des bénéfices à l'avenir sous forme de revenus et d'emplois.

En revanche, dans le domaine de la conception et de la production des innovations, nous n'avons guère progressé, et c'est par là que l'on revient à la géopolitique et à la question de l'indépendance. Plusieurs de nos diplomates qui œuvrent sur le terrain me l'ont confirmé : notre perte d'influence géopolitique n'est pas une vue de l'esprit, et elle découle de notre perte de puissance technologique. Les Chinois ont parfaitement compris ce lien, qui est clairement exprimé par les communications gouvernementales. Dans leur esprit, la Chine doit devenir la première puissance économique au monde, puis la première puissance technologique, pour enfin devenir la première puissance géopolitique. La question militaire compte, mais elle n'est rien sans la maîtrise des technologies. Aussi, quand les Chinois investissent massivement dans l'intelligence artificielle, ils le font pour des raisons économiques (la croissance), pour des raisons de souveraineté (l'indépendance technologique), mais aussi pour des raisons de puissance militaire et géopolitique. Les Américains ne pensent pas autrement. Pour eux, l'investissement dans l'université (la fameuse Ivy League - qui compte entre autres Columbia, Harvard, Princeton et Yale -, à laquelle on peut ajouter Stanford qui fut à l'origine de la Silicon Valley) est le socle de la puissance américaine. Ils ont évidemment raison. La France, et en réalité l'Europe tout entière, a perdu de vue ce raisonnement. Nous nous noyons dans des débats ésotériques sur les avantages et les inconvénients de la technologie sans comprendre que, sans la maîtriser, nous avons du mal à exister géopolitiquement. Nous faisons comme si la puissance ne reposait sur rien, ou alors seulement sur l'art de vivre et les bons sentiments. Erreur cardinale, particulièrement problématique pour la France qui se veut un pays à vocation universelle. L'influence de la France reste mondiale, mais moindre qu'elle ne le fut. Nous le ressentons et cela génère une blessure narcissique collective.

L'exemple de la dépendance aux semi-conducteurs taïwanais

La France ne délaisse pas le champ de l'innovation, mais elle le considère exclusivement sous l'angle économique et pas géopolitique, et encore moins civilisationnel. Ou alors, quand notre pays déborde du champ strictement utilitaire de l'innovation, c'est pour donner au monde des leçons de bien-pensance sur les « excès », les « dangers » et la « nécessaire régulation » de la production des innovations et de leurs usages. Très bien. Simplement, ces paroles ne suffisent pas à constituer une politique ou une influence. Cette critique d'un Français à l'égard de la France peut être élargie à l'Europe. J'y reviendrai plus loin dans le livre, mais c'est une politique de l'innovation beaucoup plus structurée et ambitieuse que l'actuelle qui doit et peut être conduite, idéalement au niveau de l'Union européenne. Notre capacité à augmenter la production de semi-conducteurs sera un bon test. Chacun a entendu parler de ces matériaux indispensables à nos ordinateurs, smartphones, batteries, voitures, etc. On en trouve aussi dans les armes, par exemple pour guider les missiles. Aujourd'hui, 70 % des semi-conducteurs utilisés dans le monde sont produits à Taïwan. Cette proportion monte même à 90 % pour les plus sophistiqués. Le jour – qu'on peut penser proche – où Pékin bloquera l'île, soit Taïwan sabordera ses usines de semi-conducteurs, soit la Chine parviendra à s'en emparer. Dans tous les cas de figure, nous ne pourrons plus produire ni remplacer grand-chose parmi tous les produits que nous utilisons quotidiennement. Notre capacité de défense militaire sera amoindrie. L'Europe doit donc gagner en autonomie et devenir elle-même un territoire de production de semi-conducteurs. La part de notre continent dans la production mondiale n'est que de 10 %. Le plan de la Commission européenne (le « *Chips Act* ») vise à passer à 20 % en 2030. C'est une ardente obligation qui concerne notre défense autant que notre économie au sens strict.

Le réarmement militaire

Le réarmement géopolitique passe forcément par un réarmement militaire qui est heureusement en cours. Le budget de notre armée s'élevait à 33 milliards d'euros en 2017. Il a dépassé les 40 milliards en 2022 et atteindra 50 milliards en 2025, soit l'objectif de 2 % du PIB. L'Allemagne compte aussi amener au même pourcentage son budget de défense du PIB, ce qui représente, eu égard à l'histoire contemporaine de ce pays, une nouveauté et un montant colossal. Ces efforts doivent largement porter, comme le souligne l'ancien secrétaire général adjoint de l'ONU Jean-Marie Guéhenno, sur les armements conventionnels et non pas exclusivement sur le nucléaire. En effet, comme il l'explique, la réalité moderne de la guerre est largement conventionnelle, faite d'hommes et d'armements, alors même que, dans les démocraties, aucun responsable politique ne se voit appuyer sur le bouton nucléaire (la probabilité que cela arrive n'est pas nulle, mais très faible). L'investissement dans notre dissuasion doit être soutenu car, selon l'expression consacrée, c'est notre assurance-vie. Mais nous avons en priorité besoin d'armes, de munitions, de chars, de bateaux, etc. Cela étant posé, une puissance militaire sans puissance économique n'est pas complète. C'est la Russie comparée à la Chine. Elle peut nuire (gravement), mais difficilement avoir une influence structurée sur le cours du monde. J'ajoute que la maîtrise des technologies de la troisième révolution industrielle est nécessaire au maintien d'une souveraineté militaire. C'est aujourd'hui une difficulté pour la Russie. Comme elle maîtrise mal les technologies de pointe et souffre de difficultés à importer des composants en raison des sanctions, la qualité des équipements de son armée se dégrade, mettant le pays en péril à long terme. La France et l'Europe doivent comprendre cette leçon : le défi de l'innovation n'est pas qu'économique.

Maîtriser le réchauffement climatique et s'y adapter

La lutte contre le réchauffement climatique est le théâtre d'un combat idéologique fondamental qui met face à face les anticapitalistes décroissants et les partisans de l'écologie scientifique. Ce débat, cette guerre intellectuelle et politique pourrait-on dire, est crucial pour qualifier notre époque. Le défi climatique est donc tout à la fois scientifique et civilisationnel. Il illustre la capacité d'une société, face à un péril, à réagir de manière rationnelle et efficace dans le cadre de l'État de droit. Ce défi est scientifique, organisationnel, technologique et politique.

De la même façon que l'extrême droite soi-disant patriote se confond en indulgence avec Poutine, c'est-à-dire avec une puissance étrangère hostile à l'Occident et donc à la France, les soi-disant écologistes s'intéressent beaucoup moins au réchauffement climatique qu'à l'anticapitalisme. Ils s'en défendent et prétendent souligner un lien de cause à effet entre réchauffement climatique et capitalisme. Il n'en est rien. Le réchauffement climatique est lié à l'accumulation dans l'atmosphère de gaz à effet de serre au premier rang desquels figure le CO_2 (en plus du méthane et du protoxyde d'azote). Cette accumulation est liée à l'utilisation de combustibles fossiles pour produire des énergies et des biens. Or, que je sache, nul pays non capitaliste n'a eu accès depuis le XIXe siècle, par on ne sait quel miracle, à une source d'énergie autre que fossile qui soit immédiatement disponible, en grande quantité et à un coût négligeable. Idéologiser le réchauffement climatique, c'est faire diversion, instrumentaliser un problème pour repeindre de vieilles obsessions et les revendre à bon prix. Cela peut fonctionner sur les réseaux sociaux ou dans les médias. Mais pour l'avenir de nos sociétés, ce n'est d'aucune utilité.

Laissons de côté l'anticapitalisme et concentrons-nous sur la décroissance, même si, de fait, les décroissants sont anticapitalistes. L'examen des termes employés est nécessaire, car le mot « décroissance » peut prêter à confusion. J'entendais, par exemple, je ne sais plus quel député « vert » expliquer que la décroissance signifiait, en fait, décroissance de certaines activités (émettrices de CO_2) et croissance des autres. Dans ce cas nous sommes d'accord ; mais il s'agit alors non pas de décroissance, mais de la définition la plus banale qui soit de la croissance économique. En effet, l'économie de marché est un processus de « destruction créatrice ». Continûment, de nouveaux produits et de nouveaux services sont conçus, fabriqués, distribués, consommés, alors que d'autres, obsolètes, délaissés par les consommateurs, interdits par la réglementation, sortent du système économique. Rien de neuf sous le soleil. Soyons précis. Décroissance signifie « croissance négative », c'est-à-dire baisse de la production et donc des revenus (dans une économie, la valeur totale de la production est égale à celle des revenus distribués). Ainsi, prôner la décroissance, c'est prôner la diminution globale des biens et des services disponibles et le recul général des revenus. Cela ne signifie pas que la disponibilité de chaque bien et service diminue, de la même façon que cela ne signifie pas que les revenus de chaque individu reculent. Mais il s'agit bien d'un choix qui organise (ou essaie d'organiser, car on voit mal comment un tel projet régressif serait possible dans une démocratie) une plus grande rareté.

Ce projet est donc régressif et violent pour le corps social. Le recul global des revenus générerait des tensions sociales bien plus fortes que celles que nous connaissons déjà. En fait, ce projet de décroissance est une impasse économique et sociale, une impasse démocratique, et même une impasse écologique. Il est une impasse économique et sociale, car, comme je l'expliquais, notre État-providence n'est pas soutenable sans croissance. De fait, la décroissance se traduirait par une disparition de nos structures collectives de solidarité au profit d'une société où les citoyens combattraient individuellement pour l'obtention des revenus et des protections assurantielles. C'est une impasse démocratique, car l'organisation concrète de la décroissance procéderait par interdictions. Cette tendance à vouloir interdire sans compter est déjà très présente chez certains de nos écologistes. On l'a vu à l'été 2022 lors du débat sur les jets privés. À titre personnel, je ne pense pas que l'utilisation d'un jet privé pour parcourir 400 kilomètres soit du meilleur goût. Simplement, je suis opposé à l'idée de mettre le doigt dans l'engrenage de l'interdiction pour une raison simple : si l'on interdit l'utilisation de jets privés qui émettent 0,2 % des émissions de GES au niveau mondial, nous ouvrons une boîte de pandore liberticide avec un effet marginal, voire nul, sur le climat. Le débat de cet été l'a bien montré : après les avions, les jet-ski, les piscines, les jacuzzis, les golfs, etc. Ce type de politique est en outre incompatible avec les valeurs de la démocratie libérale. Nos sociétés doivent mener des politiques publiques dans le cadre du respect maximal des libertés individuelles. Là est la logique de nos États de droit. Limiter le réchauffement en abattant le cadre libéral de nos démocraties n'est pas souhaitable. Notre ambition ne doit pas être de vivre dans un « meilleur des mondes » décarboné, mais dans des démocraties libérales décarbonées. Enfin, la décroissance est une impasse écologique. Regardons les grandes masses. Plus de 40 % des émissions de CO_2 dans le monde proviennent de la production d'électricité. Les transports (surtout routier) représentent 25 % des émissions et l'industrie (y compris la construction) 20 %. Quelle est la logique écologique consistant à vouloir faire décroître l'économie, par exemple en commençant par l'avion qui représente 2 % des émissions de CO_2 ? Elle est incompréhensible, à la fois punitive, antisociale et aveugle quant à son combat contre les émissions. À l'inverse, investissons massivement dans les énergies renouvelables, réinvestissons dans le nucléaire, isolons les bâtiments, encourageons les constructions en bois (le béton émet beaucoup de GES), décarbonons les transports grâce à l'électricité, à l'hydrogène, aux biocarburants... Soyons leaders dans l'aéronautique décarbonée. Nous aiderons alors le monde entier à réduire ses émissions. La France sera à l'avant-garde, ce qui légitimera sa diplomatie climatique.

N'oublions pas l'adaptation au réchauffement climatique. En effet, les étés récents l'ont rappelé, le réchauffement est déjà là avec son cortège de catastrophes : sécheresses, incendies, tornades, déplacements massifs de population. Limiter le réchauffement climatique par la décarbonation est une impérieuse nécessité, et la France doit être précurseur, même avec impact sur les émissions mondiales marginal. En revanche, ce serait une grave erreur de considérer que le défi du réchauffement exclut l'adaptation au réchauffement. Ces deux dimensions - lutte et adaptation - sont parfaitement complémentaires. On doit, par exemple, se donner les moyens technologiques et humains de prévenir avec encore plus d'efficacité les incendies.

Voilà le défi de l'excellence française : être capables de réfléchir rationnellement, d'adapter nos organisations, de faire des économies quand c'est nécessaire, d'innover jour et nuit. La France en est capable si elle ne cède pas au mirage de la décroissance heureuse.

Couper l'arrosage d'argent public

Pendant longtemps, nous avons vécu dans le monde de l'endettement facile. Cette parenthèse est close. Il n'est pas inutile d'en retracer l'historique et d'en établir la généalogie. Cette période d'argent facile a été rendue possible grâce à une hypothèse intellectuelle : un grand nombre de problèmes économiques, voire non économiques, peuvent être résolus par les politiques des banques centrales, c'est-à-dire par de la création monétaire et des taux d'intérêt faibles, voire nuls. C'est à la toute fin du siècle dernier qu'a pris corps cette idée. Je débutais dans la vie professionnelle et je travaillais spécifiquement sur les questions de politiques monétaires. Nous étions quelques-uns à avoir remarqué que la banque centrale américaine, la FED, se souciait des conséquences économiques d'un éventuel bug informatique lié au passage à l'an 2000, bug qui ne se produisit pas. La FED avait néanmoins jugé bon d'intégrer cette éventualité dans sa politique monétaire afin de « mettre de l'huile dans les rouages » au cas où. Les attentats du 11 septembre 2001 furent suivis d'actions de politiques monétaires accommodantes, d'autant que l'éclatement de la bulle des valeurs internet le justifiait par ailleurs. La crise financière de 2008 fut marquée, là encore, par des actions de politique monétaire destinées à sauvegarder le fonctionnement du marché interbancaire et à empêcher l'économie de s'effondrer. Dans la zone euro, au cours de la décennie 2010, la Banque centrale européenne (BCE), par la voix de son président Mario Draghi, explicita clairement que l'institution achèterait des obligations de l'État grec (et italien si jamais cet État faisait aussi l'objet d'une défiance de la part des marchés). La BCE sauverait la zone euro « *whatever it takes* », version monétaire et européenne du « quoi qu'il en coûte » annoncé quelques années après par Emmanuel Macron au début de la pandémie.

La suite, contemporaine, est bien connue. La pandémie de Covid-19 a entraîné dans le monde des dépenses exceptionnelles liées à la fois à la lutte contre le virus, à l'indemnisation des personnes dans l'impossibilité de travailler en raison des confinements, à la protection des entreprises et à la relance de l'économie. La France est allée particulièrement loin dans chacune de ces directions, avec des conséquences positives, l'activité économique post-crise ayant été l'une des plus dynamiques du monde développé. Cette situation extraordinaire a placé la politique monétaire dans un régime dit de « dominance fiscale ». En d'autres termes, les déficits publics ont tellement augmenté que, pour éviter la faillite des États, les banques centrales n'ont eu d'autre choix que de leur acheter leurs obligations, en contrepartie d'une monnaie créée pour l'occasion. Cette politique de rachats d'actifs a été menée à grande échelle. La BCE a ainsi financé au bout du compte les deux tiers des politiques liées à la pandémie dans les pays de la zone euro. À peine la phase aiguë de la pandémie terminée, la Russie a envahi l'Ukraine, générant une nouvelle série de désordres économiques. Nouveauté : les banques centrales ne semblent plus vouloir prendre en charge le coût économique de cette crise, et elles ont parfaitement raison. Les politiques de création monétaire et de taux d'intérêt bas constituent un terreau inflationniste. Comme la présence d'essence crée les conditions d'un incendie sans pour autant le déclencher, cette création monétaire a rendu possible la flambée de l'inflation. Le temps du financement facile des États par la politique monétaire semble donc révolu. Examinons les conséquences concrètes.

La fin de ce long cycle de politiques monétaires signe la fin du crédit gratuit. Ce processus est déjà en cours. Les taux d'intérêt sans risque à dix ans en France étaient passés, entre le début des années 1980 et le premier semestre 2022, de 16 à 0 %. Si l'on enlève les effets du taux d'inflation (qui diminue la rentabilité « réelle » des placements pour les épargnants et qui abaisse le coût « réel » de l'endettement pour les agents endettés), le taux d'intérêt dit « réel » est passé durant la même période de 10 à - 3 %.

En 2022 donc, tant que le taux nominal était inférieur à 3 % (autrement dit, dans la quasi-totalité des cas), on perdait du pouvoir d'achat en épargnant. Le changement de pied des banques centrales va faire remonter les taux d'intérêt nominaux comme réels. Nous revenons dans un monde « normal », où épargner au lieu de consommer rapporte de l'argent, alors que s'endetter en coûte. Cet ordre des choses semble logique, pourtant, nous y avons échappé durant de longues années, suffisamment longtemps pour nous y être habitués.

C'est sans doute pour les pouvoirs publics que ce retour à la normalité sera le plus déstabilisant. En effet, la faiblesse des taux d'intérêt ces dernières années a eu comme effet paradoxal d'améliorer la solvabilité de l'État à mesure que celui-ci s'endettait. La solvabilité d'un État est mieux mesurée par la charge des intérêts de sa dette (rapportée au PIB) que par son endettement (lui aussi rapporté au PIB). En effet, un État est en théorie immortel. Il peut donc rembourser ses échéances en se réendettant *ad vitam æternam*. Le mécanisme se grippe quand la charge d'intérêt augmente rapidement. Quand les intérêts de la dette deviennent supérieurs à la croissance économique, l'endettement croît « tout seul », ce qui peut inquiéter à juste titre des créanciers qui restreignent leurs prêts ou exigent des taux d'intérêt toujours plus élevés, ce qui aggrave le phénomène

« boule de neige ». C'est à ce moment que la crise survient. Dans le cas de la France, quand les taux d'intérêt nominaux et réels baissaient, tout allait bien pour l'État, y compris durant la pandémie. Ainsi, au début des années 2000, la charge de la dette publique s'élevait à 3 % du PIB. En dépit des crises et malgré l'augmentation du taux d'endettement, ce ratio est tombé à près de 1 % en 2020. La politique du « quoi qu'il en coûte » l'a à peine fait augmenter. Mais le retour à la normale va dégrader notre solvabilité. Dans le monde qui se profile, aux taux d'intérêt réels positifs, la protection de notre solvabilité publique va exiger une amélioration de nos recettes fiscales via la croissance économique (on en revient à l'idée selon laquelle la France est condamnée à la croissance) et une gestion plus rigoureuse des dépenses publiques. Plus rigoureuse ne signifie pas austère. Nous avons besoin de magistrats, d'enseignants, de policiers, d'armes de défense, de meilleures infrastructures, etc. : la pression haussière sur les dépenses publiques sera forte. Simplement, nous devrons passer d'une politique d'arrosage généralisé à une politique de ciblage et d'évaluation de nos dépenses. De la rigueur, pas nécessairement pour faire moins, mais pour faire plus. Un sacré défi dans un pays où chacun a tendance à se tourner vers l'État au moindre souci. Ce ciblage nécessitera une grande finesse d'analyse et un grand courage politique pour refuser à ceux qui le demandent des aides publiques indifférenciées. Il n'y aura plus d'à-peu-près qui tienne, sauf à vouloir prendre le risque d'une crise des finances publiques.

2

Les boucs émissaires : politiques et fonctionnaires

Responsables politiques et fonctionnaires : voilà des coupables désignés à nos maux. Après tout, si la France glisse au lieu de se redresser, ce doit bien être de la responsabilité de ceux qui la dirigent et l'administrent. La réalité est cependant plus nuancée et moins agréable à entendre. Nos politiques et nos fonctionnaires sont aussi dotés de grandes qualités, qui rendent excessive une critique qui ne s'adresserait qu'à eux. L'« à-peu-près » est un état d'esprit général, une défaite collective. En sortir pour l'avenir de la France exige la contribution de chacun d'entre nous. C'est dans cette contribution que se loge le vrai sursaut patriotique : la volonté d'excellence.

L'excessive critique des politiques

Il est tentant de rejeter la responsabilité de cet « à-peu-près » sur la classe politique. Ce sont bien nos élus qui détiennent le pouvoir. Si l'éducation se dégrade, si l'insécurité persiste, si les prix montent, si les coupures d'électricité menacent, si la dette publique est si haute, ce serait la résultante de mauvaises décisions adoptées par des élus qui auraient l'habitude de se tromper. Ce procès des politiques est tentant, surtout dans notre pays frondeur, voire révolutionnaire, qui a tellement le goût du débat et de la polémique. Publier un ouvrage sur « la démocratie des incompétents », c'est s'assurer de meilleures ventes qu'un livre sur les nuances françaises. Mais que voulez-vous, on ne se refait pas, même si la recherche de la vérité est commercialement perdante face à l'outrance. Simplement, ce diagnostic serait faux à plusieurs égards. Déjà, si nos politiques étaient si mauvais, la faute en reviendrait aussi à ceux qui les ont choisis, c'est-à-dire aux personnes en âge de voter. Chacun peut se présenter aux élections en France, le filtrage des candidats n'étant pas très strict. En témoigne le nombre de candidats à chaque élection présidentielle, systématiquement à deux chiffres. En 2022, les électeurs de gauche pouvaient ainsi voter pour la révolutionnaire Nathalie Arthaud, le communiste Fabien Roussel, ou, évidemment, pour Jean-Luc Mélenchon, Yannick Jadot ou Anne Hidalgo. À la même élection, la droite modérée pouvait choisir Emmanuel Macron ou Valérie Pécresse, et l'extrême droite entre Éric Zemmour et Marine

Le Pen. Difficile de se plaindre du manque de choix. Aux élections locales, le filtre est encore plus large. Quand j'entends certains dire que les politiques ne nous ressemblent pas, ou qu'ils n'ont envie de voter pour personne, mon sang ne fait qu'un tour. La diversité des politiques est, dans notre pays, assez ample (davantage qu'aux États-Unis par exemple), et ceux qui ne parviennent pas à trouver le candidat de leurs idées ont visiblement de telles exigences qu'ils n'ont comme autre solution que se présenter eux-mêmes. Enfants gâtés de la démocratie française, une bien bonne mère.

Mais, au fond, le problème n'est pas là, car il est faux de dire que nos politiques ne sont pas d'un bon niveau, qu'ils manquent de courage, ou qu'ils ne visent pas l'excellence. Si c'était si simple... Pour prendre deux exemples de présidents récents, on peut faire tous les reproches du monde à Emmanuel Macron ou à Nicolas Sarkozy, ne pas partager leurs idées, mais ce sont des personnalités qui ont une haute idée de la France. Le destin de notre pays les passionne. Cela ne veut pas dire qu'ils ne fautent jamais, évidemment. Mais le procès en manque de courage, de compétence ou de vision est à côté de la plaque. Ce constat présidentiel peut être sans difficulté élargi. Je fréquente un grand nombre des personnalités politiques de notre pays. En dehors du champ des populistes (Insoumis et extrême droite), je discute pour l'essentiel avec des personnes qui veulent le meilleur pour la France, qui sont intellectuellement structurées, cultivées et qui consacrent leur vie au bien public. Alors oui, ils aiment le pouvoir. Ils sont même tellement attirés par lui qu'ils y sacrifient l'essentiel de leur vie privée. Et alors ? En quoi est-ce un problème d'avoir le caractère de son métier, ou le métier de son caractère ? Je ne les critiquerai pas, moi qui n'ai pas encore eu le courage qui consiste à sacrifier ma vie personnelle pour la mettre au service de notre démocratie. Nos insatisfactions collectives fondamentales puisent dans d'autres sources.

La politique menée depuis le début de son premier quinquennat par Emmanuel Macron illustre le mal dénoncé dans ce livre. Des choix qui sont souvent corrects, qui vont dans la bonne direction, mais qui succèdent à des tergiversations, correspondent à des demi-mesures, sont incomplètement exécutés, passent outre la question de l'enchevêtrement bureaucratique, et qui donnent des résultats décevants, voire contre-productifs. Le mal dépasse évidemment largement la personnalité du président de la République, une personne qui veut sincèrement que son pays réussisse. N'y voyez aucune flagornerie, car bien des choses m'agacent dans la politique menée depuis 2017, notamment, justement, cet « à-peu-près ». J'en profite pour souligner que, contrairement à ce qu'ont répété Jean-Luc Mélenchon comme Jordan

Bardella pour attaquer l'indépendance de mes analyses, je ne suis pas « l'ami du président » (sous-entendu un porte-parole officieux). Nous ne sommes pas des proches et nos échanges sporadiques sont techniques, sur tel ou tel point de la politique économique. Ni amitié ni flagornerie. Je pourrais dire la même chose de nos élus locaux. Nos régions, tout particulièrement, sont dirigées par des personnalités compétentes et engagées, souvent passionnées par le développement économique. Je les fréquente quasiment toutes. Je trouve leur travail la plupart du temps remarquable, et totale leur volonté de développer leur territoire. Nos maires sont majoritairement animés d'une vraie abnégation et déplacent souvent des montagnes alors qu'ils sont piégés par le monstre bureaucratique étatique et des contraintes financières de plus en plus strictes. Nous devrions les remercier. Je pousse même le bouchon plus loin. Je considère que la faible rémunération des élus et les risques pénaux qu'ils encourent sont incohérents avec l'objectif d'excellence qui devrait être collectivement le nôtre. La démocratie a un coût que nous n'assumons pas clairement. Être maire, c'est une responsabilité, cela se paie.

Notre Assemblée nationale, dans sa composition actuelle, mérite un jugement plus nuancé. Être député aujourd'hui est un sacerdoce, plus encore que sénateur (le Sénat est moins exposé aux médias, et par là même plus orienté vers les analyses de long terme). Les députés de la majorité consacrent la plus grosse partie de leur temps à discuter puis à voter des lois présentées (quasiment imposées) par le gouvernement, avec des possibilités de modification restreintes. En France, les gouvernements surveillent les parlementaires plus qu'ils ne s'appuient sur eux. Quant aux députés de l'opposition, ils ne peuvent, malheureusement pour eux, pas faire beaucoup plus que… s'opposer verbalement, certains n'hésitant pas à bâtir leur image autour de la vocifération. De fait, on voit de tout à l'Assemblée nationale. Un grand nombre de députés se soucie de l'avenir de la France, s'intéresse aux dossiers et essaie de les emmener dans la meilleure direction possible, dans les limites imposées par un système institutionnel qui ne fait pas la part belle au Parlement. À l'inverse, quelques députés font honte à la France. C'est évidemment le cas des Insoumis, qui braillent, provoquent, font de l'obstruction, animés par le désir révolutionnaire de « gêner » le système, puis, quand il sera possible, de l'abattre. C'est la démocratie. Et dans une démocratie, il peut malheureusement arriver que des élus soient à la limite, voire en dehors, du cadre républicain et de ses usages, par leurs comportements, ou en étant ambigus vis-à-vis de l'antisémitisme, des violences faites aux femmes ou des dictatures, préférées à la démocratie libérale. L'intolérable est parfois toléré.

Que des socialistes aient pu faire alliance avec les Insoumis restera comme une tache dans l'histoire de ce grand et indispensable parti politique. Ces débordements honteux ne doivent pas masquer le fait que, dans l'ensemble, notre classe politique et d'une grande qualité. Nos élus s'engagent pour le bien public, y consacrent leur temps libre au détriment de leur vie personnelle, pour des rémunérations qui sont loin d'être exorbitantes. Les accuser de tous les maux du monde pour nous dédouaner de nos responsabilités collectives et de la persistance de cette culture globale de « l'à-peu-près » ne sert pas la cause de la France, au contraire.

Cet état de fait devrait nous amener à réfléchir non pas seulement à la qualité de nos élus, mais à la structure de la prise de décision politique et à l'organisation de notre État.

Les fonctionnaires ne sont pas coupables de la bureaucratie

La France a mal à son État. Il faut dire que notre pays entretient un rapport singulier avec lui. Ce territoire diversifié, peuplé d'étrangers venus de tous côtés, qui a canonisé un roi, s'est construit en étoile autour des centres de pouvoir parisiens. De fait, la France est un pays modérément libéral en ce sens que nos concitoyens, ce n'est pas une légende, demandent beaucoup à l'État. Ils se tournent vers lui au moindre problème. Ainsi, ils vont exiger du gouvernement qu'il lutte contre l'inflation, alors même que cette inflation est un phénomène complexe qui résulte d'un mélange de politique monétaire expansionniste, de difficultés d'approvisionnements, de moindre disponibilité de matières premières, de pressions salariales... autant de sujets qui ne relèvent pas de la compétence d'un État. Mais... c'est la France. Les entreprises ne sont pas en reste. Je me souviens avoir participé à une réunion publique avec un préfet, dans l'est de la France, quelques semaines après le début de l'agression russe en Ukraine. L'État avait beaucoup soutenu les entreprises, à fort juste titre, pendant la phase aiguë de la pandémie de Covid-19. La nécessaire politique du « quoi qu'il en coûte », que j'ai soutenue sans relâche car elle était la moins mauvaise vu les circonstances, a malheureusement ancré un comportement présent dans les gènes des entreprises françaises : quémander de l'argent public. Au cours de cette soirée, les dirigeants d'entreprise faisaient littéralement la queue pour demander au préfet des aides pour faire face aux augmentations de matières premières. La pression était telle que, par une comique inversion des choses, j'ai quasiment dû participer à la protection du préfet et hausser vivement le ton en demandant aux dirigeants de cesser de le harceler, leur rappelant au passage que l'argent public ainsi distribué n'était pas un cadeau du préfet mais des contribuables via les impôts et de nos enfants grâce à la dette. Notre État tient une grande place. Si l'on considère, c'est mon cas et celui de nombreux dirigeants d'entreprises, que cette place est excessive, nous devons là encore en comprendre que la cause est collective. La présence de l'État nous est parfois pénible mais nous « demandons » beaucoup d'État.

Les insuffisances de notre État sont connues. D'ailleurs, il faut pour être précis évoquer les pouvoirs publics et non simplement l'État. En effet, la fonction publique d'État fait travailler un peu moins de la moitié du total des fonctionnaires (2,5 millions). La fonction publique territoriale en emploie 1,9 million et la fonction publique hospitalière 1,8 million. Notre État dépense un peu plus de 600 milliards d'euros par an, financés essentiellement par l'impôt et l'augmentation de la dette publique (les recettes tournent autour de 450 milliards d'euros). Les collectivités locales dépensent quant à elles 270 milliards d'euros par an mais disposent de moins en moins d'autonomie fiscale depuis la suppression de la taxe professionnelle, de la taxe d'habitation et avec la réduction (justifiée économiquement) des impôts de production. Le reste de la dépense publique (qui est colossal en France : plus de 50 % du total !) est constitué des dépenses sociales, principalement celles liées aux retraites et à la santé, financées à la fois par les impôts et les prélèvements sociaux. Tous ces chiffres sont élevés et se traduisent, à la fois par des prélèvements obligatoires très lourds et une dette publique difficile à stabiliser (en dehors même de l'épisode exceptionnel de la pandémie). Notre contrat social exige une importante présence des pouvoirs publics pour organiser, produire, redistribuer, protéger : très bien, c'est un choix démocratique. Simplement, les Français ont l'impression qu'ils n'en ont pas pour leur argent et ils ont raison. Les chiffres cités sont acceptables à partir du moment où le « rendement » de l'investissement national dans le secteur public est socialement rentable. Or, ce n'est pas toujours le cas. Nous manquons d'enseignants, de policiers, de magistrats, de personnels hospitaliers. La désertification médicale gagne notre pays. Nos campus universitaires font parfois honte. La qualité de nos infrastructures se dégrade, comme en témoignent les importantes pertes dans nos réseaux d'eau potable alors même que les sécheresses sont de plus en plus fréquentes. En dehors des métropoles, nos concitoyens se plaignent de la fermeture des services publics. Quant à fréquenter les urgences des hôpitaux, on ne le souhaite pas à son pire ennemi. D'où vient ce paradoxe ? D'un côté une dépense publique dont il est difficile d'expliquer qu'elle est insuffisante, et de l'autre des services qui se dégradent ?

La réponse facile serait d'accuser les fonctionnaires, par essence paresseux sinon ils n'auraient pas choisi la fonction publique. Il est notoire que les personnes les plus actives et les plus débrouillardes vont travailler dans le privé. Eh bien non. Comme dans le secteur privé, on trouve tous les types de personnalités dans le public. Je dispose maintenant d'une expérience suffisante pour en témoigner : la plus grande partie de nos fonctionnaires sont travailleurs, dévoués et surtout, ils ont le sens de l'intérêt général chevillé au corps. Pendant la crise de la Covid-19, participant à un grand nombre de réunions dans des ministères et des collectivités locales, je n'ai vu que des gens désireux d'agir pour le bien de leurs pays, certains (pas tous, je vous l'accorde) prêts à travailler jour et nuit, week-end compris. Je peux vous dire que c'était réconfortant. Il ne faudrait pas, bien sûr, par bien-pensance, affirmer que tout est systématiquement à l'opposé du cliché du fonctionnaire qui aspire davantage à une vie tranquille que Tom Cruise dans *Top Gun*. Mais nos fonctionnaires ont, comparativement à d'autres pays, un sens affirmé et opiniâtre de l'intérêt général. La corruption n'existe pas dans notre appareil public. Cette force est centrale dans la vie d'un pays car, autant on peut améliorer le fonctionnement d'un État, autant insuffler le sens de l'intérêt premier du pays quand ce sentiment n'est pas spontané est impossible. Des générations sont alors nécessaires pour que la situation s'améliore. La France échappe à ce drame.

L'exemple des dysfonctionnements dans la police et la justice

Les Français ne sont satisfaits ni de leur sécurité ni de leur justice. Ce couple est mal coordonné et n'empêche pas l'insécurité de monter. Pourtant, les policiers et les magistrats sont, en France, des personnes courageuses, compétentes et honnêtes. Les politiques ont, dans leur majorité, conscience du problème. À y regarder de près, le problème vient d'un choix collectif inconscient : nous n'avons pas privilégié de soutenir financièrement ces secteurs, et ce depuis trop longtemps.

La puissance publique en France dépense énormément mais peu dans ses « cœurs de métier ». Sur 1 000 euros de dépenses publiques, 575 sont affectés aux dépenses sociales (principalement retraites et santé) et 60 pour les fonctions régaliennes. Sur ces 60, 31 euros vont à la défense, 25 euros à la sécurité et 4 à la justice. Ces chiffres sont très faibles à deux titres : d'une part, ils sont insuffisants pour financer les besoins régaliens de notre pays ; d'autre part, ils sont en deçà de ce qui prévaut chez une grande partie de nos voisins. La France consacre 1,6 % de son PIB aux dépenses d'ordre public et de sécurité, qui regroupent la police et la justice. C'est un tout petit peu plus qu'en Allemagne (1,5 %) et nettement moins qu'au Royaume-Uni (1,8 %) et qu'aux États-Unis (2 %). Ce chiffre traduit en outre une dépense par habitant basse puisque notre PIB/habitant est lui-même nettement inférieur à ces trois pays (notre insuffisance de croissance économique à la base de beaucoup de nos problèmes, on y revient toujours...). La justice souffre en particulier d'un sous-financement abyssal. D'après la Commission européenne pour l'efficacité de la justice, la France y consacre à peu près 65 euros par habitant, contre 90 euros au Royaume-Uni, plus de 100 euros en Allemagne et plus de 200 euros en Suisse. La France cumule en conséquence un très faible nombre de tribunaux, de procureurs et des salaires de magistrats particulièrement bas. Comment dès lors s'étonner que la justice soit lente ? Il faut que les juges soient correctement payés et que leurs conditions de travail soient bonnes pour que ce métier soit attractif. Le budget pour 2023 commence à corriger ces déséquilibres en augmentant significativement nos dépenses dans le domaine régalien. C'est indispensable. Mais nos finances publiques sont sous contrainte. Où est la réforme qui rendra l'État plus efficace ? « L'à-peu-près », encore et toujours.

Laisser des espaces d'autonomie aux fonctionnaires

Nos fonctionnaires font bien leur travail, alors même que leurs salaires sont sous pression, voire, comme dans l'Éducation nationale, scandaleusement bas. Leur chercher noise les braque à juste titre, sans rien faire avancer de la cause de la France. Le problème de nos trois fonctions publiques et de leur pénible sous-productivité est lié à leur organisation en dépit du bon sens : enchevêtrement des niveaux d'intervention, mauvaise définition des tâches assignées à chacun, difficulté à motiver les personnes et à leur proposer des perspectives de carrière motivantes dans le cadre d'un statut rigide, management centralisé et technocratique qui préfère les chiffres aux relations humaines. Ces problèmes peuvent être résolus, mais cela demande un immense effort, un accord de la nation, et un grand courage politique devant lequel même le président Macron a reculé, ce qui restera comme l'une des insuffisances de son action. Pour lutter contre les doublons et l'inefficacité des process excessifs, et donc rendre un meilleur service aux citoyens à un coût optimisé, il faut laisser davantage de liberté d'organisation aux services déconcentrés, aux collectivités locales et aux hôpitaux. Dans notre système, les niveaux, les postes, les rémunérations sont fixés. Cette rigidité est insensée, et on comprend qu'avec le temps elle génère des niveaux de sédimentation qui contribuent peu à peu à figer le système. La liberté, voilà ce qui manque. Cette liberté ne peut pas être conquise sans la suppression ou, du moins, l'assouplissement du statut des fonctionnaires. En effet, comment motiver les gens, les gratifier, les sanctionner, leur proposer une carrière, quand tout est écrit d'avance ? C'est impossible. Cette rigidité dogmatique fait deux victimes : les contribuables, qui paient un coût élevé par rapport au service rendu, et les fonctionnaires eux-mêmes, dont les carrières et les salaires sont entravés. Nos fonctionnaires, avant d'être coupables des insuffisances du fonctionnement de notre secteur public et du syndrome français de « l'à-peu-près », en sont victimes. Il est difficile d'atteindre l'excellence dans un système corseté. La liberté est l'amie de l'élévation. Alors, bien sûr, ces changements exigent du courage politique. Mais cessons de tout renvoyer à la lâcheté de nos gouvernants. Nos politiques ont du mal à agir parce qu'ils ne ressentent pas une forte pression à aller dans cette direction. Évidemment, on pourrait rêver de dirigeants qui œuvreraient dans le sens de l'intérêt général et de l'avenir contre les sondages. Mais la réalité n'est pas toujours identique aux songes.

3

« L'à-peu-près » économique

L'économie française ne décroche pas, mais les Français ne sauraient se satisfaire d'une absence d'effondrement. Nos concitoyens aspirent légitimement à un pouvoir d'achat en hausse et à de meilleurs services publics. Tout cela se finance et nécessite une croissance économique plus élevée que nous ne parvenons pas à obtenir car nous ne travaillons pas suffisamment collectivement et parce que nous n'investissons pas suffisamment dans l'avenir. Travailler et investir : voilà les mots de l'excellence économique.

Encore un effort pour le plein-emploi

La France a opéré les bonnes réformes...

Le travail et l'emploi sont au cœur de la pérennisation du modèle social français, de la prospérité de notre pays et de sa puissance. Or, sur ce front, nos résultats ne sont pas mauvais. La France est réformable, la preuve ! C'est presque une révolution silencieuse qui a modifié le fonctionnement du marché du travail. Il y a vingt ans, l'emploi était bloqué, indépendamment de l'activité économique qui pouvait être bonne. Le chômage dit « structurel » (qui ne dépend pas de la croissance) pourrissait l'ambiance du pays et désespérait les jeunes, y compris les diplômés, qui attendaient parfois longtemps derrière la porte des entreprises. Pourtant, les causes de ces problèmes étaient identifiées par les spécialistes du marché du travail : des conditions de ruptures des CDI trop complexes et coûteuses, des ruptures de contrat souvent judiciarisées - avec au bout du compte un coût prohibitif pour les entreprises -, un coût du travail élevé au regard de la productivité des personnes les moins qualifiées, une formation professionnelle pas assez efficace, un sous-développement de l'apprentissage, etc. Expliquer sans relâche que le Code du travail français protégeait les salariés au détriment des chômeurs, rappeler que les pays où le marché du travail était le plus « flexible » (la Suisse, les pays scandinaves) étaient ceux où le chômage était le plus bas, les salaires les plus élevés et les salariés les plus épanouis, semblait inutile. On pensait prêcher dans le désert. Mais pas complètement finalement. Nicolas Sarkozy, qui avait beaucoup réfléchi à ces sujets, épaulé par des spécialistes aussi compétents que l'économiste Bertrand Martinot, introduisit la

« rupture conventionnelle », qui permit aux entreprises et aux salariés de se séparer sans drame. François Hollande, après le rapport de Louis Gallois sur la compétitivité de l'industrie, mit en place le CICE (le crédit d'impôt pour la compétitivité et l'emploi) puis le pacte de responsabilité et de solidarité, qui firent baisser les charges pesant sur le coût du travail. Plus tard dans le quinquennat, Manuel Valls, toujours courageux et bénéficiant d'une juste intuition des questions économiques, mit sur pied, avec sa ministre du Travail Myriam El Khomri, une loi qui commença à sécuriser judiciairement les licenciements économiques. Emmanuel Macron apporta au tout début de son premier mandat la flexibilité et la sécurité qui manquaient. Il chargea pour cela Muriel Pénicaud de rédiger une série d'ordonnances pour agir vite. La pandémie fut le déclencheur qui amena le gouvernement à augmenter fortement les montants versés aux entreprises au titre de l'apprentissage. Tout ne fonctionne pas encore parfaitement en matière de marché du travail, mais les résultats de ces réformes qui, bien qu'elles soient mises en place par des gouvernements de couleurs politiques diverses, vont toutes dans le même sens, se lisent désormais dans les chiffres. Le taux de chômage est au plus bas depuis une dizaine d'années, malgré les crises. Quant au taux d'emploi - mesure plus juste des tensions sur le marché du travail car moins soumise aux artefacts statistiques –, il est à 67 %, au plus haut depuis les années 1990.

... mais un chômage de masse perdure

Il reste néanmoins du chemin à parcourir pour aboutir à un véritable plein-emploi. Plus de 5 millions de personnes sont inscrites à Pôle emploi, soit parce qu'elles ne travaillent pas, soit parce qu'elles voudraient travailler davantage (elles exercent une « activité réduite »). 3 millions sont sans aucun emploi et 1 million sont des chômeurs de longue durée. Ce chômage résiduel n'est pas lié à un manque d'activité économique. Les entreprises interrogées par l'Insee sont désormais plus nombreuses à souffrir de contraintes du côté de l'offre que du côté de la demande. Elles sont nombreuses à refuser des contrats parce qu'elles ne parviennent plus à recruter pour les honorer. C'est que le marché du travail français est dual. Les personnes jeunes (de moins de 50 ans), diplômées ou disposant d'une première expérience, s'insèrent facilement sur le marché du travail. Il est rare que ce genre de profils soit au chômage aujourd'hui, ce qui n'était pas le cas il y a vingt ans. Le chômage frappe désormais essentiellement des personnes non diplômées, qui n'ont jamais travaillé. Il s'agit parfois d'une deuxième, voire d'une troisième génération de chômeurs. Certains de nos concitoyens, dans des territoires ruraux ou désindustrialisés, n'ont jamais vu leurs parents, voire leurs grands-parents, travailler !

En matière d'emplois, l'enjeu pour la France est triple. Premièrement, il est nécessaire de creuser l'écart de rémunération entre les situations d'emploi et de non emploi. Pour être clair, toute situation dans laquelle il est plus rémunérateur de ne pas travailler que de travailler est un non-sens économique et un scandale moral. Ces situations, dont chacun est témoin, doivent être traquées, et notre politique de redistribution amendée en conséquence : plus large avec ceux qui travaillent, plus stricte avec les autres. C'est pour cette raison que je suis favorable à la réforme consistant à rendre l'accès à l'assurance-chômage plus restrictif quand les entreprises créent beaucoup d'emplois et moins restrictif quand la conjoncture se dégrade. Cette mesure fait depuis longtemps l'objet d'un large consensus chez les économistes spécialistes de l'emploi, et elle relève du bon sens.

Deuxièmement, il est nécessaire d'augmenter le taux d'emploi des seniors qui, s'il progresse, reste inférieur à 60 % pour la tranche des 55-64 ans. Il est d'un tiers pour les personnes au-dessus de 60 ans, et inférieur à 10 % pour les plus de 65 ans. Ces chiffres restent bas. Ce problème n'admet pas de solution facile. Subventionner les entreprises qui recrutent des seniors en baissant les charges patronales reviendrait à opérer un transfert financier intergénérationnel des jeunes vers les moins jeunes. Ce n'est sans doute pas politiquement opportun. Les politiques de baisses de charge sont un réflexe en France dès qu'on veut favoriser l'embauche de telle ou telle catégorie de travailleurs. Simplement, elles marchent presque trop bien. Baisser les charges au niveau du SMIC a multiplié les emplois, certes, mais ceux payés au SMIC. Baisser donc les charges pour les plus de 50 ans pourrait se faire contre l'emploi des jeunes. C'est loin d'être la mesure idoine. Les solutions au manque de recrutement des seniors relèvent essentiellement, me semble-t-il, des relations sociales et du management des entreprises. Quel mode de rémunération ? Quelle flexibilité dans le temps de travail ? Quelle présence effective dans l'entreprise ? Quelle formation, notamment dans le domaine des technologies ? Comment faire coopérer des collaborateurs de 25 ans et de 63 ans ? Voici un magnifique terrain de jeux pour des partenaires sociaux adultes et responsables. Les pays scandinaves comme la Suède affichent un emploi des seniors élevés. Là-bas, les salaires ne sont pas liés à l'âge (un tabou en France). Il arrive même qu'ils reculent après 55 ans. Des plans de formation spécifiques accompagnent les actifs en fin de carrière. Les conditions de travail sont excellentes, ce qui permet de concilier maintien en emploi et, le cas échéant, fragilisation accrue de la santé.

Troisièmement, et il s'agit du défi le plus compliqué à relever et, sans doute, le plus important pour l'avenir de notre pays : réintégrer les personnes socialement le plus en difficulté dans les entreprises. Cette intégration n'achoppe pas seulement sur des problèmes de formation. En effet, de plus en plus de grandes entreprises, dans les travaux publics par exemple, secteur où les difficultés de recrutement sont un problème majeur depuis longtemps, assurent elles-mêmes certains programmes de formation. Dans ce cas, l'absence d'un diplôme n'est pas un obstacle à l'embauche. Ce qui l'est, ce sont les comportements inadaptés à la vie professionnelle, comme les retards systématiques ou les difficultés à s'intégrer dans un ensemble social nouveau, à coopérer. C'est aussi difficile à entendre, mais il faut écouter les personnes qui recrutent dans les entreprises : certains de nos concitoyens, en raison du manque d'éducation ou d'une situation familiale complexe, n'ont pas pu acquérir de comportements compatibles avec le travail en équipe. Il ne faut certainement pas être défaitiste face à cela, mais mettre au point une vraie politique de réinsertion sociale.

Le manque de logements est un problème social

Les demandeurs d'emploi de longue durée ne sont pas responsables de la mauvaise configuration géographique des logements dans l'Hexagone. Car des logements, en France, il y en a. Mais ils ne se situent pas forcément là où sont localisés les emplois qui sont, chez nous comme à l'étranger, concentrés dans les métropoles et à leur proximité. Le logement est un sujet économique et social majeur, qui lui aussi souffre de cette politique de l'« à-peu-près ». Le seul moyen de faire diminuer sainement et durablement le prix des logements est d'en construire beaucoup, mais pas n'importe où : là où sont positionnées les activités économiques génératrices d'emplois. Malheureusement, les pouvoirs publics envoient des injonctions contradictoires, une habitude bien française en termes de politiques publiques, ce qu'on ne peut que déplorer. Les maires sont priés de bâtir, avec pour objectif de 25 % de logements sociaux. Mais ce pourcentage est calculé sur le stock d'habitations, et non sur le flux de nouveaux logements, si bien que cet objectif est, dans nombre de communes pavillonnaires, tout simplement impossible à atteindre. L'État voudrait des logements, mais les maires doivent respecter la politique du « zéro artificialisation nette » : on construit, mais sans toucher les surfaces naturelles existantes. Les normes environnementales annulent ou ajournent des projets, telle la protection en Île-de-France de l'œdipode turquoise, un insecte pourtant non menacé en métropole et dans la région, classé « assez commun » et à enjeu spécifique « faible » dans la région (cet exemple est réel, il m'a été donné par un maire du département des Yvelines). Qui souffre de cette politique malthusienne du logement ? Nos concitoyens, surtout les plus fragiles, qui sont pris à la gorge par des prix à l'achat ou des loyers prohibitifs, ou qui renoncent à accepter un travail en raison du coût du logement ou de l'éloignement (et donc éventuellement du coût du transport).

L'insuffisant effort de recherche et d'innovation

Une compétitivité encore insuffisante

Les progrès de la France en matière d'attractivité et de compétitivité sont moins spectaculaires qu'en matière d'emplois, ce qui fragilise notre capacité future à générer une économie prospère. Dans ces domaines, notre pays avance dans la bonne direction, mais à la vitesse d'un escargot. Ces enjeux de compétitivité et d'attractivité sont pourtant cruciaux, car, on l'aura compris, la France n'assurera le bien-être matériel de ses habitants et la pérennité de son contrat social qu'en augmentant fortement la production, et donc les revenus, sur son sol. Il n'y a pas d'échappatoire à cette réalité, quoi qu'en disent les brocanteurs d'un « autre modèle ». Quand on explique les bien-fondés de cette « politique de l'offre », que n'entend-on pas comme fadaises sur la nécessité d'une « autre politique » ou sur l'idée selon laquelle « la démocratie, c'est le choix » !... En réalité, le choix politique consiste à savoir si nous souhaitons une France prospère avec un contrat social ambitieux, une France prospère avec un État-providence réduit à la portion congrue, ou une France qui s'appauvrit sans État-providence. Il me semble que c'est la première de ces options qui correspond le mieux à l'idée que l'on doit se faire du destin de notre pays. Mais le choix est ouvert. Les moyens d'arriver à ces fins, en revanche, relèvent moins de la politique que de la technique. Cette prospérité à laquelle nous devrions aspirer passe par un réarmement économique, seul capable de générer des revenus abondants et des protections performantes pour nos concitoyens.

La compétitivité est la capacité d'un pays à exporter à partir de son territoire. C'est un sujet lancinant depuis le début des années 2000. Notre pays a réalisé des efforts pour restaurer sa compétitivité. Nos coûts de production ont été optimisés grâce à des politiques publiques comme le pacte de responsabilité et le CICE (transformé depuis en allègements de charges pour les entreprises) déjà évoqués plus haut, et la baisse, modeste, des impôts sur les entreprises (impôts sur les bénéfices comme impôts de production). Nous avons tenté d'augmenter la qualité de nos produits et leur contenu en innovations grâce à des dispositifs comme le crédit d'impôt recherche (CIR). Les résultats, il faut bien le dire, ne sont pas tous au rendez-vous. Nos difficultés ne peuvent plus être mises sur le dos des pays émergents. Certes, entre les années 2000 et 2020, de nombreuses entreprises industrielles ont délocalisé une partie de leur production d'Europe de l'Ouest vers l'Europe de l'Est et l'Asie. Ces délocalisations étaient justifiées par un différentiel massif de coûts salariaux. Mais cette vague de délocalisation est terminée, et le différentiel de compétitivité entre les pays occidentaux et l'Asie industrialisée s'amenuise avec le temps.

En l'an 2000, les exportations françaises représentaient près de 18 % des exportations totales de la zone euro d'après Rexecode. Ce chiffre est tombé à moins de 13 % aujourd'hui. C'est dans le domaine industriel que nos performances sont les plus décevantes. En effet, notre solde commercial est excédentaire dans les services, mais il très déficitaire dans les domaines de produits manufacturés. Au début des années 2000, la valeur ajoutée industrielle de la France représentait près de 18 % de celle de la zone euro. Nous sommes tombés à moins de 14 % aujourd'hui. Là encore, nous souffrons d'une politique de l'« à-peu-près ».

Les gouvernements qui se sont succédé n'ont pas été mal inspirés. Mais les mesures prises, en particulier dans le domaine de l'innovation, sujet essentiel en matière de compétitivité « hors prix », n'ont pas été suffisamment puissantes. Il n'y a cependant pas lieu d'abandonner l'effort. Notre retard est rattrapable, en particulier si nous accélérons la modernisation, déjà entamée, de nos usines. Avoir une industrie est primordial, car c'est là que se concentrent les investissements en recherche et développement. La délaisser, c'est se condamner à perdre, non seulement en indépendance, mais aussi en capacité d'innovation globale. Or la prospérité des économies développées repose quasi uniquement sur l'innovation. Réindustrialiser est aussi un moyen de diminuer les émissions carbone en produisant de façon plus écologique qu'en Asie par exemple. Encourager financièrement nos entreprises à investir dans les robots, l'intelligence artificielle et l'imprimante 3D, renforcer les actions de formation continue à destination des secteurs industriels, cela est à notre portée, et c'est l'un des meilleurs moyens de renforcer notre productivité, c'est-à-dire notre compétitivité globale (prix et hors prix). Encore faut-il bien comprendre le poids fiscal qui pèse sur nos entreprises, et donc sur leurs capacités à être compétitives.

Le niveau encore trop lourd de la fiscalité sur les entreprises

La France a un problème avec le capital. Le terme est incompris, et, quand il est employé, il est systématiquement opposé au travail, comme dans la vulgate marxiste. Mot sulfureux, le capital n'est rien d'autre que l'argent, apporté par les actionnaires et augmenté par les profits, qui vient financer les investissements et les salaires. Les actionnaires, qui ont pris un risque en apportant cet argent, sont rémunérés par une fraction des profits appelée dividendes. En France, la part des profits dans le revenu national est stable dans le temps, légèrement supérieure à 30 %. La part des dividendes dans les profits a tendance à augmenter. Les dividendes perçus par les actionnaires ne font pas concurrence aux salaires puisqu'ils ne sont qu'une part des profits. En revanche, il est vrai que l'augmentation des dividendes peut venir concurrencer l'autofinancement des investissements. Sujet technique et débat difficile à trancher, car il est parfaitement logique de rémunérer des actionnaires pour les inciter, le cas échant, à placer encore plus d'argent dans les entreprises, au profit de tous. Il faut dédiaboliser le capital, les profits et les dividendes.

On peut même soutenir que les profits et le capital sont trop fiscalisés en France, ce qui pénalise notre compétitivité. En effet, le taux normal d'impôts sur les sociétés s'établit désormais en France à 25 % des profits (il a baissé ces dernières années). Les entreprises paient aussi des impôts dits de production, qui ne dépendent pas des profits. Ils ont été allégés de 10 milliards d'euros sous l'autorité de Bruno Le Maire. Il en reste 100 milliards. Les actionnaires paient quant à eux une taxe de 30 % sur les dividendes. Au bout du compte, le capital est taxé à hauteur de plus de 50 % des profits. Il est difficile dans ces conditions de soutenir que les entreprises et les actionnaires ne sont pas assez taxés. Cela relève soit de l'ignorance, soit de la mauvaise foi. On peut à l'inverse penser que ce niveau de prélèvements freine les investissements de modernisation de nos entreprises, dans le domaine du numérique, de l'intelligence artificielle ou de la robotique, investissements qui, une fois amortis, seraient des vecteurs de compétitivité. J'ai évoqué le plan France Relance qui aide les entreprises à investir pour se moderniser. De nombreuses régions ont adopté des dispositifs d'aides qui vont dans le même sens. Ces politiques sont bonnes, mais on retrouve le syndrome de l'« à-peu-près » : surprélever les entreprises, puis les aider financièrement à investir. Ce n'est pas le plus court chemin pour être compétitif et productif.

La France ne produit pas assez d'innovations

Les coûts et les prix des produits ne sont pas les seuls déterminants de la compétitivité. La qualité et le contenu en innovation comptent autant, si ce n'est plus. Notre pays souffre, j'y reviendrai, d'une piètre articulation entre la recherche publique et la recherche privée. Notre enseignement supérieur n'est pas au niveau des ambitions de la France en matière de prospérité. Le rapport qualité-prix de nos productions est insuffisant comparé à celui de nos partenaires commerciaux européens et des pays émergents. Devant la difficulté à diminuer nos coûts, et donc nos prix, nous devrions en théorie être condamnés à l'excellence en matière d'innovation. Mais cette excellence, nous ne nous donnons pas les moyens de l'atteindre, d'où nos résultats industriels décevants.

Le président de la République a annoncé en octobre 2021 la mise en place du plan « France 2030 ». Il s'agit de mobiliser 50 milliards d'argent public afin d'encourager l'émergence d'innovations dans les domaines de l'énergie, de la santé, de l'aéronautique, de l'agriculture, ou encore du numérique. Ce plan, qui s'est substitué aux PIA (les « plans pour les investissements d'avenir » - l'administration adore les sigles), est piloté à haut niveau par les services du Premier ministre. L'État lance des appels à projets qui sont étudiés par la Banque publique d'investissement (BPI). Il finance les élus. La démarche de France 2030 est la bonne, et l'organisation semble correcte. On a tenu compte des insuffisances, voire des échecs, de nos politiques industrielles par le passé, où les moyens étaient dispersés et où le choix des investissements relevait davantage de l'opportunisme politique que de la rationalité économique. On voulait, par exemple, aider tel territoire ou telle entreprise, mais sans avoir correctement appréhendé la « rentabilité » économique et sociale de ces dépenses. France 2030 échappe à ces défauts. Néanmoins, ce montant de 50 milliards reste faible au regard de l'enjeu. On parle de l'avenir de notre pays, de sa prospérité, de sa capacité à peser sur le cours du monde. Nos choix budgétaires révèlent nos préférences collectives : la prodigalité pour les dépenses sociales du présent, la radinerie pour les investissements du futur. Malheureusement, cette préférence nous a fait tomber dans un piège économique et financier. La faiblesse de nos performances économiques nous oblige à placer de plus en plus de rustines sociales, coûteuses, qui amoindrissent en retour nos capacités d'investissement.

Ce qui se décide en cette période, c'est le rôle que la France veut jouer à un moment particulier de l'histoire : la troisième révolution industrielle. Deux options s'ouvrent à nous.

Soit nous choisissons d'être des utilisateurs/sous-traitants. Nos entreprises utiliseront ces technologies, mais pas plus. De fait, le recours au numérique, aux algorithmes et aux robots a progressé à la faveur de cette crise, même si cette utilisation reste insuffisante. Le distanciel obligatoire a dopé les usages du numérique, du télétravail au commerce en ligne. Les pénuries de main-d'œuvre poussent la substitution du capital au travail. Ainsi, des experts-comptables utilisent des logiciels d'intelligence artificielle pour remplacer des travailleurs humains qu'ils ne trouvent plus. Les plans de soutien à l'activité comme France Relance ont offert aux entreprises une panoplie d'aides afin d'acquérir des technologies (typiquement des robots industriels) qui doivent leur permettre d'être plus productives.

Soit nous décidons de devenir nous-mêmes des producteurs de ces nouvelles technologies. Mais nous sommes loin du compte. L'Europe n'a généré ni Tesla, ni Amazon, ni Tencent, ni Google, ni Apple. Il y aurait un effort massif de politique publique à consentir si nous voulions choisir cette voie.

Dans le premier cas, la France pourrait rester un pays à peu près prospère, mais sans maîtriser les technologies qui façonnent le monde. Dans le deuxième cas, elle contribuera à faire l'histoire, ce qui est sans doute sa vocation millénaire, sans se satisfaire d'être ballottée au gré des flots. Elle augmentera sa puissance géopolitique.

Choisir l'option de la puissance technologique passe par une mise à niveau de nos universités, en particulier dans le domaine des sciences. Or, pour l'heure, nous ne sommes pas bons. La France consacre 1,5 % de son PIB à l'enseignement supérieur, le Royaume-Uni 2 % et les États-Unis 2,5 %. Nos grandes écoles sont formidables en matière d'enseignement, mais leur niveau en matière de recherche est inégal et elles sont assez souvent élitistes. D'après l'économiste Stéphane Benveniste, la probabilité d'intégrer une très grande école (ENA, Polytechnique, Sciences Po) est multipliée par plus de 80 pour ceux dont le père est justement diplômé d'une de ces écoles[1]. L'articulation entre la recherche publique et la recherche privée, naturelle dans les pays anglo-saxons, est contre nature chez nous malgré des bonnes volontés dans certains territoires et des efforts ponctuels. Le public pense que le privé est seulement animé par de basses considérations matérielles, et le privé que le public n'est pas assez performant, ce en quoi on ne saurait lui donner tout à fait tort.

---

1. Stéphane Benveniste, *Les Grandes Écoles au XX*e *siècle, le champ des élites françaises : reproduction sociale, dynasties, réseaux*, thèse de doctorat en sciences économiques, 2021, Aix-Marseille.

De premiers résultats en matière d'attractivité

L'attractivité d'un pays se définit comme sa capacité à attirer des activités économiques. Il existe pléthore de classements internationaux pour comparer les pays, souligner des progrès, dénoncer des insuffisances. La fréquentation de ces rapports, aux enseignements divers quand ils ne sont pas contradictoires, m'amène à la conclusion suivante : la France a réalisé de véritables progrès en matière d'attractivité depuis une dizaine d'années, ce qui se traduit par de nombreux projets. Malheureusement, certains d'entre eux ne sont pas très ambitieux, et un nombre significatif n'aboutissent pas.

Reprenons ces points l'un après l'autre. La France est désormais le pays européen qui accueille le plus de projets. Notre pays demeure un grand marché, bien desservi par ses infrastructures. Les impôts sur les entreprises et le capital, quoiqu'encore trop élevés, ont eu tendance à diminuer légèrement ces dernières années. C'est toujours bon à prendre pour des investisseurs. Les investissements étrangers sur le sol français sont nombreux, mais de faible niveau. Notre pays n'est pas celui auquel pensent les investisseurs pour des implantations massives et irréversibles. Il est concrètement difficile d'y construire une usine. Les délais d'obtention des autorisations sont longs et les recours juridiques des habitants fréquents. Plus de cinq ans sont parfois nécessaires avant de pouvoir débuter les travaux de construction d'une usine. Ces délais sont incompatibles avec les nécessités des entreprises. L'hyper-réglementation et l'hyper-judiciarisation ont un coût économique. Nous ne sommes pas parvenus à rendre ces défauts compatibles avec la réindustrialisation. La conflictualité sociale reste un frein, surtout comparé à l'Allemagne. En outre, et je le note dans presque chacune de mes conversations avec des entreprises étrangères, la France est vue comme le pays des 35 heures, et où il est impossible de licencier. Ces deux assertions sont factuellement fausses. Simplement, les étrangers ne savent pas que, dans les faits, les 35 heures ont été assouplies et que les Français travaillent en moyenne 4 à 5 heures de plus par semaine. Ils ne savent pas que le droit du travail a été optimisé et, bien que ce soit facile à vérifier, ils ignorent que la fiscalité sur les entreprises a été un peu allégée. La France doit réaliser un énorme effort de communication. Nous avons opéré bien plus de changements que ce que nos voisins imaginent. Certes, nous ne sommes pas assez nombreux à travailler en France ; certes, la culture de la grève est, chez nous, bien implantée. Mais la France ne peut se résumer au « pays des 35 heures ». Faisons-le savoir ! Inspirons-nous des Américains qui n'hésitent jamais, eux, à claironner le moindre aspect positif de leur économie. Adoptons aussi une communication de l'excellence, et ne nous complaisons pas dans la modestie quand elle n'est pas justifiée.

Immigration économique : le règne de « l'à-peu-près »

S'il est un domaine qui exige de la clarté dans la formulation des objectifs, de la précision et de l'organisation dans l'exécution, c'est bien celui de l'immigration. Le sujet est inflammable et alimente sans discontinuer un débat politique chargé en émotion. Cette difficulté à parler sereinement du sujet vient notamment du fait que notre pays n'a pas de doctrine claire et souffre d'une mise en pratique brouillonne de la gestion des migrations, des entrées comme des reconduites à la frontière, rarement exécutées. De fait, notre immigration présente deux défauts[1]. Premièrement, elle est peu diversifiée géographiquement. En 2020, 70 % des immigrés non européens étaient nés en Afrique. Deuxièmement, elle est peu qualifiée. En 2020, 38 % des immigrés avaient un niveau scolaire égal ou

1. Sur ce sujet, il faut prendre le temps de lire la note remarquable publiée en 2021 par le Conseil d'analyse économique, *L'Immigration qualifiée : un visa pour la croissance*, écrite par Emmanuelle Auriol et Hillel Rapoport.

inférieur au brevet des collèges. C'est 20 points de plus que pour les natifs ! C'est la raison pour laquelle le taux de chômage des immigrés est nettement supérieur à celui des natifs. En 2017, selon l'Insee, le taux de chômage des étrangers non européens était près de trois fois plus élevé que celui des Français. Sans doute faut-il y voir un lien avec la sur-représentation des immigrés dans les délits commis sur notre territoire, un sujet enfin mis sur la table par l'État en 2022 par la voix du ministre de l'Intérieur Gérald Darmanin. La population immigrée représente 13 % de la population française. Ce chiffre est de 14 % aux États-Unis, de 16 % en Allemagne et de plus de 20 % au Canada. Pourtant, selon un sondage Ipsos réalisé en mars 2022, 60 % des Français pensent qu'il y a trop d'étrangers en France.

Je vais me concentrer dans les lignes qui suivent sur l'immigration économique, parfois appelée immigration choisie. Il y a en France trois grands types de migrations entrantes. Premièrement, les migrations liées au droit d'asile, encadrées par les engagements internationaux de la France ; deuxièmement, les migrations intra-européennes, caractérisées par le principe de libre circulation ; troisièmement, l'immigration du travail. Cette dernière vise à aligner une partie des migrations avec les besoins des entreprises à court terme et avec les objectifs du pays d'accueil à long terme. Dans le cas de la France, ces objectifs seraient faciles à déterminer et à partager avec l'opinion publique : nous avons besoin de travailleurs dans des métiers où les difficultés de recrutement sont délétères et durables (la santé et la logistique - dont le transport routier - par exemple) ; à long terme, nous devons accueillir des chercheurs et des entrepreneurs dans l'intelligence artificielle ou les biotechnologies pour contribuer à la production d'innovations radicales dans ces domaines déterminants pour notre avenir. Aux États-Unis, au Canada ou aux Pays-Bas, plus d'un tiers des brevets sont déposés par des étrangers. Ni les Américains, ni les Canadiens, ni les Hollandais n'ont à s'en plaindre.

Dans les secteurs qui souffrent de difficultés de recrutement, les chefs d'entreprise peuvent demander des visas pour des travailleurs non européens. Cette immigration choisie a été introduite sous le quinquennat de Nicolas Sarkozy en 2008. Simplement, elle reste minoritaire et mal organisée. En 2019, 90 000 titres de séjour avaient été distribués pour motif de regroupement familial, et 90 000 autres à des étudiants. Moins de 40 000 avaient été délivrés pour des motifs économiques. En pratique, le système fonctionne mal. La liste des métiers en tension est rarement actualisée. Le parcours administratif du recrutement des travailleurs étrangers est lourd, long, complexe, et ses résultats sont imprévisibles. Ces difficultés découragent les PME et génèrent incertitude et anxiété pour ceux qui voudraient venir travailler en France. Notre pays a mis en place en 2016 un « passeport talent ». Il s'agit d'un titre de séjour d'une durée de quatre ans au plus, destiné aux chercheurs, aux créateurs de start-up, aux salariés d'entreprises innovantes. Très bonne idée sur le papier. Mais ce dispositif est peu utilisé, car il souffre d'un accès complexe.

Voilà les caractéristiques de notre politique d'immigration : peu lisible, mouvante, complexe, en un mot brouillonne. Nous sommes ensablés dans une sorte de paresse qui nous empêche de définir et de mettre en application une immigration réellement choisie, au bénéfice des personnes que nous accueillons et des Français. Comment transformer une opportunité en problème...

4

L'« à-peu-près » énergétique

Le sujet de l'écologie, qui est en premier lieu un sujet énergétique, est rageant. La France disposait sur le papier de tous les atouts pour devenir le pays de l'excellence en la matière. Nous pouvions décarboner notre production nationale et exporter nos technologies de décarbonation. Une politique énergétique indécise nous a fait perdre une grande partie de notre avance et de nos capacités. Le retard pris est rattrapable dans certains secteurs comme l'aéronautique. Encore faut-il agir avec lucidité et rationalité, et sans jamais céder à ceux qui veulent renvoyer l'humain à l'état de nature. La France doit demeurer un pays à la pointe de la civilisation.

De bons résultats de prime abord

Les écologistes ne cessent de fustiger la France, coupable selon eux d'inaction climatique. L'État a même été condamné en 2021 par le tribunal administratif de Paris pour cette raison et pour le préjudice écologique que cette inaction entraîne. Selon le tribunal, l'État n'a pas fait tout ce qui était en son pouvoir pour que la France respecte ses engagements climatiques, notamment ceux signés par notre pays dans le cadre de l'accord de Paris de 2015 et qui doivent aboutir à la neutralité carbone en 2050. La justice avait été saisie par un collectif dénommé Notre affaire à tous, composé de la fondation Nicolas-Hulot, de Greenpeace France et d'Oxfam France. Le tribunal administratif ne saurait être mis en cause dans cette histoire dans la mesure où il est exact que la France est en retard sur ses objectifs (elle ne constitue malheureusement pas un cas isolé). Simplement, la portée de cette condamnation est faible, car la mise en accusation de la France, juridiquement recevable, ne l'est ni moralement, ni politiquement, ni même écologiquement.

Elle ne l'est pas moralement. L'aréopage associatif d'où est venue cette affaire n'est pas exemplaire. Ces organisations sont décroissantes et anti-nucléaires, c'est-à-dire favorables à la régression sociale (incompatible avec les investissements à consentir pour lutter contre le réchauffement) et défavorables à la principale source de production d'électricité française décarbonée. Ces lobbies, très influents auprès des ministères qui ont en charge ces questions, sont avant tout anticapitalistes. C'est parfaitement leur droit. Mais tenter de justifier cet anticapitalisme viscéral par la lutte contre le réchauffement climatique est malhonnête. Qu'ils fassent attention à ce que la judiciarisation, par ailleurs excessive, de notre société ne leur revienne pas comme un boomerang. Ces associations n'auraient-elles pas elles-mêmes une responsabilité dans la mise en place de politiques ayant contribué aux émissions de carbone ? Car leur militantisme anti-nucléaire a payé en Allemagne et, dans une moindre mesure, en France avec la fermeture des deux réacteurs de la centrale de Fessenheim. L'activisme de ces associations a ainsi abouti à la réouverture de mines de charbon et donc à de massives émissions de CO_2. Ceux qui se prétendent écologistes du matin au soir ne le sont pas toujours. Chez certains, les mots et le réel sont disjoints.

Cette mise en accusation de l'État n'est pas plus pertinente politiquement. Face au réchauffement climatique, il est probable qu'aucun pays n'en fera jamais assez. On aimerait peut-être (ça se discute) pouvoir convertir tous les Français, en une loi, au vélo, à la viande de synthèse ou à l'autopartage. Mais ce monde fantasmé n'existe pas, et c'est une perte de temps que de le regretter. La décarbonation exige d'expliquer, de convaincre, d'entraîner, d'accompagner, de soutenir. Certains rêveraient d'une dictature pour décarboner plus vite. Quelle mauvaise blague. Supprimer nos libertés pour diminuer les émissions de CO_2 : quel programme philosophique abject ! Car notre objectif, ce doit être de vivre libres dans un monde où le réchauffement climatique a été maîtrisé et limité. Choisir entre le climat et la liberté ne peut constituer une ambition politique. Cette idée n'a en outre aucun fondement scientifique, car ce sont bien les démocraties qui font le plus baisser les émissions de carbone : l'Irlande, le Portugal, l'Espagne, etc. À l'inverse, la Chine commencera à stabiliser ses émissions seulement à la fin de cette décennie.

Du point de vue écologique, enfin, la mise en accusation de la France est pour le moins excessive. Regardons les chiffres. Entre 2005 et 2019, le PIB de la France a progressé de 18 %. Nos émissions de CO_2 ont reculé de 22 %. La France est l'un des pays riches qui émet le moins de CO_2 par habitant. Seules la Suisse et la Suède font mieux grâce à une production d'électricité hydraulique importante en plus de leur production nucléaire. Néanmoins, l'empreinte carbone d'un territoire ne saurait se limiter à ses émissions. En effet, pour dessiner une image juste et complète du problème, il faut ajouter les émissions issues de la consommation et retrancher celles issues des exportations. La France, classée, selon la méthode utilisée, 5ᵉ, 6ᵉ ou 7ᵉ puissance économique mondiale, représente 1 % des émissions mondiales de CO_2. Mesurées sous l'angle de l'empreinte carbone (c'est-à-dire corrigées des échanges extérieurs), la France contribue à hauteur de 1,3 %

aux émissions mondiales, et cette contribution diminue. En Allemagne, ces deux chiffres s'établissent respectivement à 2,1 et 2,6 %. La France est donc, parmi les pays développés, un très bon élève. La part de son empreinte carbone est légèrement supérieure à son poids démographique mondial (1 %), car nous importons beaucoup de produits à fort contenu en gaz à effets de serre, notamment fabriqués en Europe de l'Est ou en Asie. Ainsi, l'accroissement de notre compétitivité extérieure apporterait une contribution positive à la maîtrise des émissions mondiales de carbone. Nous pouvons et nous devons mieux faire, et j'expliquerai comment un peu plus loin. Mais la France fait déjà plutôt bien les choses, ou les faisait bien, quand son parc de réacteurs nucléaires était parfaitement opérationnel, ce qui n'est plus le cas, au détriment du climat.

Le lâche abandon de la filière nucléaire

Je n'ai jamais été un fanatique du nucléaire. J'y ai longtemps vu un avatar de la verticalité de la France où un président (en l'occurrence le général de Gaulle) pouvait décider quasi seul quelle source d'énergie les Français allaient utiliser pendant cent ans. Pour moi, cette filière absorbait tellement de ressources financières et humaines qu'elle freinait l'innovation et le développement d'énergies alternatives comme l'hydroélectrique, le gaz ou les renouvelables. En fait, je suis venu au nucléaire par l'écologie. C'est la prise de conscience de la gravité du réchauffement climatique qui, il y a une quinzaine d'années, m'a amené à mettre de côté mes états d'âme un peu théoriques pour davantage de pragmatisme : notre filière nucléaire n'a pas été constituée pour lutter contre le réchauffement climatique, mais il se trouve qu'elle est l'un des outils les plus efficaces pour cela, l'énergie nucléaire étant la moins carbonée de toutes. Nos bonnes performances en matière écologique viennent essentiellement du fait que 80 % de notre électricité est produite à partir d'énergie nucléaire. Quand la France a développé son parc de centrales, l'écologie ne figurait évidemment pas dans la liste des motivations. Personne ne parlait alors de réchauffement climatique. La question écologique n'a commencé à infuser dans le débat politique qu'à partir des années 1970, et se concentrait alors sur la question assez « générale » (et infondée) de la surpopulation et du manque de ressources (jamais avéré depuis d'ailleurs).

La conclusion de ces remarques de simple bon sens aurait dû logiquement être : investissons dans notre parc et dans les innovations, et exportons des centrales et les services de maintenance qui y sont associés, nous contribuerons ainsi à décarboner le monde et nous en tirerons les bénéfices financiers.

Faut-il rappeler que 40 % des émissions mondiales de carbone émanent de la production d'électricité ? 40 % ! La décarbonation de la production électrique est l'une des principales obligations auquel le monde fait face.

Les anti-nucléaires ne perdent pas une occasion de souligner la difficulté de la gestion des déchets. Mais là encore, mieux vaudrait regarder les faits avant de parler et comprendre que la France aurait un magnifique savoir-faire à exporter dans leur traitement. 96 % du combustible utilisé dans les réacteurs français est recyclé. Ces combustibles arrivent à La Hague où l'on récupère les 95 % d'uranium et le 1 % de plutonium. L'uranium est purifié puis concentré pour devenir du nitrate d'uranyle qui, une fois enrichi, redevient du combustible *in fine* réutilisable en centrale. Le plutonium récupéré est purifié et transformé en poudre d'oxyde de plutonium, une matière énergétique (1 gramme de plutonium = 1 tonne de pétrole) mais dangereuse, amenée à devenir du MOX, un combustible qui alimente aussi des centrales. Au bout du compte, 10 % de l'électricité nucléaire produite en France provient de matières recyclées. Seuls les 4 % restants du combustible sont non recyclables. Ces produits de fission constituent les fameux déchets et concentrent la quasi-totalité de la radioactivité. Ces résidus sont vitrifiés puis coulés à l'état de verre dans des containers entreposés dans des puits ventilés.

Ces déchets sont destinés à partir pour le centre de stockage Cigéo dans la région Grand Est, mais cette infrastructure n'est toujours pas prête. En attendant, ils sont entreposés à l'usine de La Hague.

Bien malheureusement, et comme chacun sait, l'opportunité de faire de la France le phare mondial de l'électricité décarbonée, soutenue avec énergie par Nicolas Sarkozy, a été gâchée par un accord politicien signé entre François Hollande, candidat à l'élection présidentielle de 2012, et les Verts français. Emmanuel Macron, pour une raison incompréhensible et peu cohérente avec son habituelle liberté d'esprit, a appliqué cet accord. Les implications de la fermeture des réacteurs de Fessenheim ne sauraient se limiter à un calcul simple du type : *n* puissance électrique a été perdue, que nous devons importer ou produire à partir d'énergies fossiles. En réalité, c'est toute une logique économique qui a découlé de ce choix absurde. Car Fessenheim n'est que la pointe d'une loi qui prévoit la fermeture d'une dizaine de réacteurs nucléaires, ce qui a amené EDF à diminuer ses effectifs de maintenance, dont nous aurions tant besoin aujourd'hui. Plus généralement, c'est toute la compétitivité de la filière qui a été amoindrie, y compris celle de la gestion des déchets où la France est pourtant si performante. Il faut comprendre que nos tergiversations génèrent une double peine : une moindre disponibilité d'électricité décarbonée (peine écologique) et une moindre capacité à exporter nos énergies et notre savoir-faire énergétique, y compris dans le traitement des déchets radioactifs (peine à la fois économique et écologique).

C'est simple. Quand un opérateur français va voir un pays étranger pour lui vendre une centrale ou des services, le potentiel acheteur lui demande où il en est de ses réalisations nationales. Or les atermoiements de la stratégie française ne permettent pas de dire ce qui est exigé, par exemple : « Notre gouvernement nous fait confiance, nous avons cinq projets de construction d'EPR. » Comment vendre à l'étranger un produit dont son propre pays semble ne plus vouloir ? Et comment rendre une filière attractive si elle ne se développe ni sur son sol ni à l'étranger ? L'État stratège : mon œil. On nous rebat les oreilles de l'État planificateur, garant de l'intérêt général face à la cupidité et au court-termisme du marché. Paroles, paroles. Dans les faits, l'État a été incapable d'encourager une filière qui devrait être aujourd'hui l'un des phares de la décarbonation dans le monde. Rageant.

EDF ne doit pas être totalement dédouanée de ce fiasco. L'entreprise n'a pas su anticiper les besoins ni se couvrir contre les aléas techniques qui surviennent un jour ou l'autre dans toute industrie de pointe, comme les phénomènes de corrosion des réacteurs. Chacun sait par ailleurs que le chantier de Flamanville, le réacteur dit de la « troisième génération » a accumulé des retards et des surcoûts délirants. EDF s'est sans doute vécue comme une aristocratie de l'énergie, une entreprise monarchique dont les ingénieurs et les dirigeants avaient par principe raison. Sans doute l'État, toujours piètre actionnaire, aurait dû éviter de regretter les pertes d'EDF alors qu'il était pour sa part incapable de définir une stratégie énergétique nationale cohérente. Mais bon. C'est peut-être demander l'impossible à un État qui, quand il est actionnaire d'entreprises, montre rarement son meilleur côté. Mais EDF, de son côté, aurait pu être dirigée et gérée avec davantage de modestie. Songez qu'entre 2005 et aujourd'hui, la disponibilité du parc nucléaire, c'est-à-dire le ratio de ce qui est produit dans nos centrales par rapport à leur capacité théorique de production maximale, est passé de 83 % à 73 %. En conséquence, la production est passée pendant la même période de 430 à 360 térawatts-heure, alors même que toutes les études montraient que la demande d'électricité allait augmenter. Comment passer de l'excellence à « l'à-peu-près », voire à la médiocrité. La France continue d'investir dans le projet de fusion nucléaire ITER. Il n'est pas dit que la fusion nucléaire, sorte de Graal énergétique, nous sauve des énergies fossiles en quelques décennies. Mais n'abandonnons pas ce projet en chemin au prétexte spécieux que nous ne serions pas sûr que ça marche.

Une stratégie velléitaire sur le renouvelable

Opposer l'énergie nucléaire et les énergies renouvelables n'a pas de sens au regard de ce que nous combattons : le réchauffement climatique. L'opposition correcte sépare les énergies carbonées des décarbonées. C'est alors que l'on réalise que fermer des centrales nucléaires pour ouvrir des centrales à charbon aggrave nos problèmes écologiques. De même, nucléaire et renouvelable ne s'opposent pas mais se complètent. Je ne comprends pas qu'on n'explique jamais les choses dans ces termes facilement compréhensibles. Le nucléaire est une énergie pilotable, ce qui n'est pas le cas du renouvelable, soumis au vent ou à l'ensoleillement. Le coût du nucléaire risque d'augmenter ces prochaines années alors que celui du renouvelable va diminuer. Il faut à peu près quinze ans pour construire et mettre en service une centrale nucléaire, moins de dix pour un champ d'éoliennes.

En tous cas moins de dix ans en théorie. Encore faut-il que les décisions soient prises. Car dix ans ont justement été nécessaires pour mettre en place le parc éolien en mer de Saint-Nazaire dont la taille est loin d'être démente : à plein régime, ce parc de 80 éoliennes fournit désormais environ 20 % de la consommation d'électricité du département de la Loire-Atlantique. Ce n'est pas énorme. Cela nous donne une idée de l'effort d'installation de capacités électriques qui reste à fournir. Or il y a lieu d'être inquiet quant au frein généré par nos comportements collectifs. Il y a d'une part ceux qui s'opposent aux projets pour des raisons x ou y (raisons esthétiques, protection des poissons et des oiseaux, préférence pour la décroissance, etc.) et multiplient les recours juridiques. Il y a d'autre part les zadistes qui couchent leur corps devant n'importe quel projet pourvu qu'il contrarie leur idéal de vie paresseuse planquée dans la forêt ou dans les champs (tout en bénéficiant néanmoins des largesses de l'État-providence, pour se soigner ou toucher des allocations, financées par les salauds de capitalistes destructeurs de l'environnement car ils travaillent). Mais remplir nos exigences en matière de décarbonation exige pourtant de tels investissements. Devant toutes ces difficultés, me vient parfois à l'esprit la prophétie cauchemardesque d'un pays qui ne pourrait plus bâtir une seule infrastructure pour assurer son avenir.

La France pourrait contribuer à décarboner le monde

L'Europe peut décarboner le ciel

Il faut quand même essayer d'envisager l'avenir avec confiance. Pour y réussir, il faut lever les tabous. Je vais prendre deux exemples : l'avion et l'extraction. L'avion d'abord. Nos constructeurs automobiles n'ont pas pris le virage de la voiture électrique. Ils y sont arrivés trop tard. Mais la filière aéronautique peut encore contribuer à décarboner le secteur du transport aérien. L'industrie aéronautique reste un fleuron français, contrairement à l'automobile ou à l'agroalimentaire, fiertés nationales déclassées. Cette filière compte en France 4 500 entreprises et 285 000 salariés. Le secteur est performant et investit avec succès dans la décarbonation. Les avions électriques, l'hydrogène, les carburants non polluants : voilà des éléments de solution qui commencent à être disponibles. Ce secteur est l'un des rares où l'on peut imaginer atteindre, malgré la croissance du marché, la neutralité carbone d'ici à 2050. Verdir le ciel mondial est à portée de main pour l'Europe. Ne gâchons pas cette magnifique opportunité.

Il faut rouvrir des mines en France

Et si la France redevenait un exportateur de matières premières industrielles ? Vous avez forcément entendu parler du lithium. C'est un excellent conducteur électrique, notamment utilisé dans les batteries de téléphone et de voitures. La demande mondiale de lithium est forte, portée par le numérique et la décarbonation des transports. Comme pour toute matière première, deux activités économiques coexistent : l'extraction et le traitement. Aujourd'hui, la moitié des réserves mondiales est localisée en Amérique latine, par exemple en Argentine, en Bolivie et au Chili. Les Chinois, qui ambitionnent de devenir le pays leader de la production de voitures électriques, veulent maîtriser l'ensemble de la chaîne de valeur. Les entreprises chinoises investissent des sommes colossales dans l'extraction, encouragées par leur gouvernement. Le pays raffine déjà 60 % de la production mondiale.

Eh bien la France pourrait sécuriser ses propres approvisionnements, et pratiquer une extraction et un traitement écologique du lithium. Car nous en avons dans notre sol, ou plus exactement dans nos eaux souterraines, notamment en Alsace, dans la région Grand Est. Les études de prospection ont commencé, afin d'identifier les meilleurs gisements et d'ouvrir des puits. La région des Hauts-de-France se spécialise quant à elle dans la production de batteries électriques. Il nous serait donc possible de développer toute une filière, ce qui serait économiquement et écologiquement pertinent.

Qu'est-ce qui peut nous en empêcher désormais ? Deux maux bien français : la peur et la bureaucratie. D'une part la peur et l'idéologie, qui peuvent pousser des associations prétendument écologistes à expliquer que le lithium c'est sale, et que le rendre disponible retarderait le plongeon dans les abysses de la décroissance dont elles rêvent. D'autre part la bureaucratie, qui, en France, parvient assez souvent à transformer une opportunité en cauchemar administratif puis en échec. Retrouvons l'esprit de rationalité sans lequel aucune excellence n'est possible.

5

L'« à-peu-près » sanitaire

Notre système de santé est peut-être l'exemple le plus frappant du laisser-aller français et de l'à-peu-près. Oh, certes, on peut se faire soigner dans notre pays... Mais de moins en moins bien, et au prix d'un parcours de plus en plus pénible. À force de désorganisation, notre système est quasiment à la déroute, et vécu comme tel par les Français, alors même que notre pays y consacre des sommes importantes. Ce laisser-aller vire au scandale. Les insuffisances dans notre système de santé présentent un point commun avec celles dans le domaine de l'énergie : elles blessent les Français. Là où nous pensions être les meilleurs, nous sommes devenus moyens. Mais, pour nos concitoyens, le « moyen » est « inacceptable ». J'irai plus loin : il est indigne, notamment au regard des montants affectés à la santé.

L'enracinement de la médiocrité sanitaire

Notre pays pensait pouvoir se vanter de bénéficier du meilleur système de santé au monde : efficace et égalitaire. L'espérance de vie à la naissance reste l'une des plus élevées sur notre planète, et le reste à charge pour les patients (les montants qui ne sont réglés ni par l'assurance-maladie ni par les complémentaires santé) l'un des plus bas. Simplement, laissé à la dérive, le système s'est vengé. On vit en moyenne plus de 80 ans en France, mais l'espérance de vie dite « en bonne santé » est inférieure à 64 ans. Nous sommes désormais sous la moyenne des pays de l'Union européenne. Certains pays comme l'Irlande, l'Espagne ou la Suède font bien mieux que nous. D'après un rapport sénatorial, plus de 10 % des Français âgés de plus de 17 ans ne disposent pas de médecin traitant. Cette proportion augmente, car le nombre de médecins généralistes baisse. On en dénombrait 100 000 en 2012. Il y en a aujourd'hui moins de 95 000, alors même que la population a augmenté et vieilli. Les délais d'attente s'allongent pour les généralistes, et sont dramatiquement longs pour certaines spécialités comme la gynécologie, l'ophtalmologie ou la dermatologie. Quant à l'état des urgences, ou encore au sous-développement de la prise en charge des maladies mentales, ce sont des sujets parfaitement connus des Français, et pour cause. La vérité, c'est que notre pays tout entier devient un désert médical. Notre système de santé est gros par la taille et par l'argent, son financement est quasiment totalement mutualisé, mais il rapetisse par les services qu'il rend.

Cet état de fait est scandaleux quand on pense aux montants que les Français affectent à leur système de santé par les impôts et les prélèvements sociaux. La France consacre plus de 12 % du revenu national à ses dépenses de santé. Ces dépenses sont mal équilibrées par des recettes, comme le rappelle rapport après rapport la Cour des comptes. Très peu de pays dépensent plus, et parfois avec des résultats sanitaires et sociaux médiocres, ce qui tend à montrer que l'argent ne fait pas tout. Les États-Unis consacrent beaucoup plus de moyens à la santé que la France pour une espérance de vie nettement inférieure (et en recul) et des disparités en matière de santé publique bien plus criantes. La prévention, la rapidité de l'accès au système de santé, la pertinence des soins sont des éléments cruciaux en matière de santé publique, et ils permettent de rendre un système économiquement soutenable. Sur ces trois aspects, la France n'est pas bonne. Nos politiques de prévention se sont longtemps limitées à des campagnes de santé publique contre le tabac et en faveur des fruits et des légumes. Très peu de choses ont été faites pour encourager l'exercice physique. Le président Macron a souhaité introduire trois consultations de prévention remboursées par la Sécurité sociale, à 25, 45 et 65 ans. C'est très bien, mais la prévention est un état d'esprit, à l'image de l'hygiène. On ne se brosse pas les dents trois fois dans la vie... Notre système fait l'objet d'une désorganisation maladive. Quant à la pertinence des actes, elle est peu mesurée. Il existe pléthore d'études qui montrent que notre système de soins a pris l'habitude des examens redondants (qui n'a jamais subi un examen en ville, puis le même à l'hôpital, à quelques jours d'intervalle ?) et que la mauvaise observance des traitements nous coûte collectivement plusieurs milliards d'euros par an. La dépense est parfois l'ennemi de la santé.

Loin de moi l'idée de défendre un rationnement des dépenses de santé. Je milite pour l'inverse depuis une dizaine d'années, quoi qu'en dise l'extrême gauche qui trahit sans cesse mes propos sur cette question pour masquer son inanité intellectuelle sur le sujet. La France doit apprendre non pas le rationnement, mais l'efficience. Au fond, peu importe que les dépenses de santé progressent de 2, 3 ou 5 % par an. Ce qui compte, c'est que ces dépenses soient efficientes, c'est-à-dire qu'elles se traduisent par une amélioration la plus égalitaire possible des indicateurs de santé publique. Nous en sommes loin, car le système de santé est replié sur lui-même, tourné vers ses indicateurs technocratiques et budgétaires (ce qui n'est en rien libéral), et insuffisamment vers les patients.

L'échec du socialisme hospitalier

Mon sang ne fait qu'un tour quand j'entends évoquer l'échec de « l'hôpital-entreprise » ou du « néo-libéralisme ». Ceux qui profèrent de telles inepties ne connaissent ni le fonctionnement de notre système de santé ni la définition du mot « libéralisme ». Car rien n'est plus étranger au libéralisme que notre système de santé, et l'hôpital en particulier. Voici des structures publiques, dirigées par des fonctionnaires, contrôlées par des agences publiques, qui emploient des salariés sous statut, et dont les prix sont fixés par les pouvoirs publics (c'est la logique de la fameuse T2A, la tarification à l'activité) : pas de liberté, pas de marché.

Le symbole du rejet du libéralisme sanitaire s'incarne pourtant dans cette T2A, jugée comme un instrument libéral et responsable à lui seul de tous les maux de l'hôpital. Pourtant, la T2A n'est rien d'autre qu'un outil de répartition soviétisant des ressources allouées chaque année par le Parlement au système de santé, à l'intérieur d'une enveloppe donnée. Il y a des arguments pour défendre ce système ou le critiquer. Mais il ne relève en rien du libéralisme puisqu'il s'agit pour le gouvernement de fixer chaque année les prix de chaque acte de soins, indépendamment de toute action du marché... On est beaucoup plus près du Gosplan que du marché !

Alors où est le libéralisme ? Quand je pose cette question, les gauchistes les plus obtus et ainsi piégés me répondent : « Le libéralisme est dans la logique financière de réduction des coûts. » Quelle ânerie. Une entreprise privée détenue par des actionnaires ne peut avoir comme unique horizon la réduction des coûts, sans quoi elle disparaîtrait, tout simplement. Une entreprise correctement gérée maximise ses profits pour être capable d'investir et de recruter. Les entreprises veulent se développer, ce qui passe par une régulation des coûts, mais pas par un contrôle bête et méchant pour les faire baisser quoi qu'il advienne. En réalité, la logique strictement financière n'a rien de libéral. D'expérience, je l'observe d'ailleurs plus souvent dans le secteur public que dans le secteur privé.

Le mal-être des soignants

Ce sont plusieurs centaines de personnes qui quittent l'hôpital chaque mois, malgré les revalorisations salariales sensibles octroyées depuis le Ségur de la santé en 2020. La majorité de ces départs sont des démissions. Dans une entreprise, on recrute un salarié en lui faisant miroiter une belle progression de carrière. Cela ne fonctionne pas toujours, parfois parce que l'entreprise se survend, parfois parce que le collaborateur ne s'avère pas assez performant, mais cela fait partie du contrat « implicite ». L'hôpital, loin d'imiter l'entreprise, fonctionne comme une machine à limiter au maximum l'ascension sociale. Une infirmière (j'emploie le féminin, et non le neutre, car 85 % sont des femmes), emprisonnée dans les limites de ce qu'elle a le droit de faire (le « décret de compétence »), si elle ne souhaite pas devenir cadre de santé, peut espérer terminer sa carrière dans un bloc opératoire ou infirmière anesthésiste, en fonction de sa progression dans une grille prédéterminée de grades et d'échelons. Son salaire s'établira alors à 3 400 euros nets mensuels la laissant souvent frustrée car cette grille ne lui aura pas permis de déployer tous ses talents. Comment, dans ces conditions, considérer qu'il s'agit d'un métier attractif ? Comment ne pas voir que ce système est une formidable incitation à aller vers le secteur libéral, à abandonner la carrière ou ne pas s'y engager du tout, même si l'on en a la vocation ?

Une proposition révolutionnaire et utile serait de casser ces fameux « décrets de compétence » pour permettre à une infirmière d'évoluer beaucoup plus facilement et rapidement vers des métiers mieux rémunérés. Redonnons de l'autonomie aux hôpitaux en leur donnant la liberté de former leur personnel pour les faire changer de métier et mieux les payer. L'hôpital-entreprise, ce n'est pas moins de service public ; c'est davantage d'attractivité pour davantage de soins.

La maltraitance administrative à l'égard des patients

Il se trouve que j'ai malheureusement assidûment fréquenté les établissements hospitaliers ces derniers mois pour accompagner des proches. J'avoue avoir été ébahi par cette expérience au pays de la maltraitance administrative. Il est sidérant de constater que les plus de 100 milliards d'euros que les Français (et les créanciers de la France) versent désormais à l'hôpital partent en grande partie dans une gabegie administrative qui épuise patients et soignants alors même que tout devait être fait pour leur faciliter la vie. En vérité, n'importe quelle entreprise gérée comme certains hôpitaux ferait faillite au bout d'un mois. De lenteur en absurdités, c'est moins le manque de moyens ou d'effectifs qui choque qu'une organisation tétanisante, une bureaucratie tatillonne et une structuration en silos annihilant toute bonne volonté en recherche de solutions pour les patients. Parmi le florilège de perles qu'il m'a été donné à entendre dans un grand CHU de province : « Vous êtes Allemand ! – Non. – Si, c'est écrit dans votre dossier » ; ou alors :

« Votre fils n'a pas été opéré ici. – Si, c'est moi qui l'ai déposé. – Non, l'entête du compte-rendu chirurgical n'est pas celui de notre établissement » ; ou encore un magnifique : « Je vous assure, je déguste, là. Sur une échelle de 1 à 10, la douleur est à 8... – D'accord, mais il faut d'abord que je refasse votre dossier informatique ». J'en passe et des meilleurs, ou plutôt des pires, plus tragiques. Les urgences se disent engorgées. Il m'a fallu une expérience pratique d'aidant pour comprendre que cet engorgement avait des causes non pas seulement médicales, mais administratives : dans certains cas, il faut passer aux urgences et refaire tout un long parcours sans aucune autre raison que procédurale. L'hôpital fait passer les process avant les patients, avant les soignants, avant le bon sens économique. Les coupables sont connus : hyper-règlementation sécuritaire (qui se retourne contre son but), RGPD (règlement général sur la protection des données), retard de numérisation.

Dans ces conditions, on pourra toujours ajouter 10 ou 15 milliards par an, cet argent ne résoudra aucun problème de fond. L'hôpital a besoin d'une remise à plat de ses process, d'une simplification administrative radicale, et surtout d'une destruction des silos qui interdisent à un salarié X d'empiéter sur les tâches dévolues à Y, même s'il en est parfaitement capable et si Y est indisponible. À cet égard, la question de la remise en cause du statut, qui est lui-même un silo et qui empêche une gestion des carrières, doit être posée. Sur ce genre de questions, il faut choisir : soit l'on cède au syndicalisme le plus obtus, soit on se donne une chance de prendre des mesures qui faciliteront les recrutements, au bénéfice des patients. Car, dans les conditions actuelles de l'organisation de l'hôpital, il ne faut pas s'étonner des départs vers la médecine libérale, voire carrément dans d'autres secteurs. Aucun système ne peut durablement compter sur la seule bonne volonté de ses employés et la docilité de ses usagers pour subsister.

Le psychodrame du nombre de lits

Depuis le début de l'épidémie de Covid-19, pas un jour ne s'est écoulé sans qu'un membre de l'opposition n'exige une augmentation du nombre de lits d'hôpitaux. L'idée semble relever du bon sens. Malheureusement, elle tient en partie du sophisme, pour une raison conjoncturelle et pour une raison fondamentale. La raison conjoncturelle d'abord. Quand on fait face à une épidémie qui génère des hospitalisations à un rythme exponentiel, il n'y a malheureusement aucune possibilité technique d'adapter le nombre de lits aux besoins. L'idée qui aurait consisté à laisser circuler le virus et à adapter en conséquence (ou préventivement) nos capacités d'accueil à l'hôpital ne pouvait pas fonctionner, tout simplement parce que les ressources hospitalières, physiques comme humaines, auraient été incapables de suivre une dynamique exponentielle. Pour protéger l'hôpital dans ces circonstances, il n'y avait malheureusement pas grand-chose d'autre à faire que limiter la propagation du virus. C'est difficile à entendre, mais, parfois, et nous l'avons éprouvé depuis trois ans, le réel est rude avec les humains. La raison fondamentale maintenant : le nombre de lits ne constitue pas l'alpha et l'oméga d'un bon système de santé. Ce qui compte, c'est la technologie utilisée, l'organisation et, avant tout, l'attractivité des métiers et des carrières. Le nombre de lits importe, bien évidemment, mais c'est une donnée parmi d'autres, surtout depuis que la France a emprunté le « virage ambulatoire ». Il serait même absurde de piloter la politique de santé avec comme objectif d'augmenter le nombre de lits (ou, inversement, de la baisser pour réaliser des économies, la finance ne devant jamais guider le sanitaire, mais le réguler).

L'hospitalisation ambulatoire correspond à une hospitalisation sans nuit passée à l'hôpital. Elle a été rendue possible du fait que des soins qui auparavant nécessitaient une nuitée peuvent désormais être effectués à l'hôpital pendant la journée. Parfois, ils sont même réalisables à domicile. L'ambulatoire est le produit des progrès des technologies médicales et des attentes des patients. Les chirurgies, digestives notamment, sont de moins en moins invasives. Les examens sont de plus en plus précis, les anesthésies de plus en plus légères. Les techniques d'autosurveillance ou d'autoadministration de traitements permettent de réduire le temps passé à l'hôpital. Les appareils de ventilation respiratoire sont plus petits, plus fiables et installables à domicile par un technicien spécialisé. Une personne convalescente peut désormais prendre sa tension chez elle, comme un patient diabétique peut lire son taux de glycémie.

L'ambulatoire offre de nombreux avantages. Pour les patients d'abord : maximisation du confort, diminution du stress, réduction des temps d'attente à l'hôpital, meilleure récupération, réduction du nombre d'infections nosocomiales. Pour les hôpitaux ensuite, avec moins d'horaires décalés et de nuit pour les soignants. Pour la collectivité enfin, grâce à la baisse des coûts de l'hébergement hospitalier (qui doit être envisagée comme une conséquence de l'ambulatoire et jamais comme son objectif). Encore faut-il que l'ambulatoire soit correctement organisé, avec un contrôle rigoureux du patient à la sortie, une feuille de soins à domicile claire et détaillée et, le cas échéant, un processus de réhospitalisation simple et rapide, sans passer par les urgences comme cela se pratique en France (une absurdité sanitaire et administrative, alors même que les urgentistes se plaignent déjà de l'engorgement de leur service).

La réduction du nombre de lits, tant qu'elle est liée au développement d'une hospitalisation ambulatoire rigoureuse et de qualité, n'est pas illogique. En 2017, le taux de chirurgie ambulatoire en France était de 56 %. Par comparaison, la Suède et le Danemark réalisent 90 % de leurs actes de chirurgie de cette manière. Corrélativement, la France compte 6 lits d'hôpitaux pour 1 000 habitants. Le Danemark est à 2,6 et la Suède à 2,2. La Russie est à 8 et le Gabon à plus de 6. Comme on le voit, il n'existe pas de lien mécanique entre le nombre de lits et la qualité du système de santé. Pour évaluer la qualité de l'accueil à l'hôpital, il faut pousser l'analyse beaucoup plus loin.

Je travaille sur ces questions depuis une dizaine d'années. Voyant notre retard en matière d'ambulatoire et le manque d'incitations publiques pour aller plus vite, j'avais tweetté dès 2014 : « Dans dix ans nous aurons deux fois trop de lits d'hôpitaux. Productivité potentielle énorme. » Au début de la pandémie, ce tweet a été resorti par des médias comme *Le Monde diplomatique* ou *Fakir* ; il a été diffusé des centaines de milliers de fois par les thuriféraires de La France insoumise, du Rassemblement national et d'Éric Zemmour, ce qui m'a valu de recevoir des dizaines de menaces de mort. Jean-Luc Mélenchon, dans la diatribe qu'il m'a consacrée lors de ses meetings des élections législatives du printemps 2022, l'a cité sans le comprendre, hilare, devant un public qui ne l'était pas moins. Il réémerge périodiquement sur les réseaux sociaux. C'est une bonne leçon. Ces réseaux sont le lieu des insultes, des menaces et des anathèmes, et non d'un débat intellectuel. Ils sont surutilisés par les extrêmes et les populistes, qui méprisent l'analyse, et par une presse dont le succès repose sur le ressentiment envers toute forme de réussite et de richesse. Mais il ne faut rien céder à ces politiques, à cette presse, à ces trolls qui font du mal à la France. Au bout du compte, c'est la réflexion qui doit reprendre ses droits, surtout quand il est question de la santé des Français. Il faut donc le redire sans fléchir, parce que c'est vrai. Non, la qualité d'un système de santé ne se résume pas à un indicateur quantitatif et simple comme le nombre de lits ; oui, il faut continuer d'augmenter la part de l'ambulatoire, ce qui correspond à des gains de productivité en matière de quantité (soigner plus de patients pour réduire les délais d'attente) et de qualité (améliorer la qualité des soins) ; oui, ces gains de productivité peuvent être réinvestis dans les salaires, dans les soins les plus complexes et coûteux, dans l'accueil des personnes gravement malades.

Oser la liberté

L'hôpital a souffert, depuis des années, d'un rationnement des dépenses de santé. Le système de l'Ondam (objectif national de dépenses d'assurance-maladie) où, chaque année, le Parlement vote un objectif de dépenses de santé à rationner, est problématique. Il devrait plaire au *Monde diplomatique*, puisqu'il étatise complètement la dépense. Mais, à ce système socialiste, je préfère un système libéral où les dépenses augmentent, éventuellement beaucoup (3 ou 4 % par an plutôt que les 2-2,5 % de l'Ondam), en fonction des besoins des gens, et non pas en fonction de décisions politiques. Les membres du personnel soignant souffrent d'un statut de l'hôpital public et de « décrets compétences » qui limitent leurs évolutions de carrière et leurs évolutions salariales. À ce système, je préfère un système libéral où on peut rentrer comme infirmière, devenir médecin ou autre, connaître des évolutions salariales dynamiques car la compétence a un prix. Je plaide pour un hôpital public où les décisions seraient décentralisées et non pas enfermées dans un réseau de contraintes.

Le déclassement de notre système de santé est la conséquence d'un déclassement intellectuel. On incrimine le libéralisme quand c'est le socialisme qui est en cause. Et si, plutôt que de les rejeter, notre système de santé avait besoin des ressorts de la pensée libérale pour affronter les défis qui se présentent à lui ? Le triptyque liberté/autonomie/responsabilité, au fondement même de la philosophie libérale, ne serait-il pas le plus à même de résoudre les maux dont souffre notre système de soins ? Qu'il s'agisse du défi du financement des dépenses de santé et d'innovation, de l'égal accès aux soins de tous les Français sur le territoire, du renforcement de l'attractivité des carrières, ou encore du besoin d'une nouvelle politique de prévention, une approche permettant à chacun d'innover de manière responsable, de s'émanciper d'une réglementation devenue paralysante et d'assumer au plus près du terrain de nouvelles responsabilités ne serait-elle pas une voie d'avenir prometteuse ? Pour redonner à nos acteurs de santé liberté et capacité d'initiative, c'est donc bien, dans le droit fil de la pensée libérale de Tocqueville et d'Aron, d'une autonomie à tous les étages du système dont a besoin notre politique de santé, et d'un financement abondant grâce au plein-emploi, à la lutte contre les gaspillages, et à la sortie du délire bureaucratique qui n'apporte rien aux patients.

Un système libéral et autonome doit être régulé par l'État. Or, c'est peut-être précisément dans sa mission de régulation que notre État est devenu le moins agile, plus prompt à légiférer et à encadrer *a priori* qu'à évaluer l'action de chaque acteur autonome *a posteriori*. Le corporatisme des professions de santé, la passion bureaucratique de l'État, la focalisation des syndicats sur la question de l'argent, l'autocentrisme du système, la confusion du débat sur les sujets de santé : tout cela concourt à dégrader la qualité de notre système de santé alors même que nos contemporains espèrent vivre le plus longtemps possible en bonne santé. Cette contradiction est porteuse de désordres, c'est la raison pour laquelle j'espère que notre pays sera capable de définir et de mettre en œuvre une politique de santé digne de ce nom, dans l'intérêt général.

6

La crise de l'exigence et l'« à-peu-près éducatif »

Environ 16 millions d'enfants et de jeunes sont inscrits dans notre système éducatif, du premier degré à l'enseignement supérieur. C'est colossal. L'enseignement est une industrie de masse dans laquelle le sens de la qualité se perd. Nous formons nos jeunes, mais nous les formons à peu près, ce qui se traduit par des performances éducatives en recul. L'« à-peu-près » éducatif condamne notre pays à un « à-peu-près » économique et social. Ce qui devrait faire scandale et être élevé au rang de priorité nationale ne soulève guère que des commentaires résignés. Avons-nous perdu toute ambition pour la France ?

Le sous-investissement éducatif

La rentrée de septembre 2022 aurait dû conduire au tocsin éducatif. Plus de 4 000 postes d'enseignants n'avaient pas été attribués. La part des postes pourvus n'était que de 83 % dans le premier degré, comme dans les collèges et lycées : 10 points de moins que l'année précédente ! Les chiffres étaient encore plus catastrophiques dans des matières fondamentales du second degré : 57 % en lettres classiques, 67 % en physique-chimie, 68 % en mathématiques. Le problème n'est pas nouveau, mais il s'est aggravé ces dernières années. Pour éviter la fronde, le ministère de l'Éducation nationale n'a pas souhaité laisser des classes sans professeurs, mais il n'a fait que placer des rustines en recrutant des enseignants à la va-vite et en les formant en quelques jours. C'est pourtant de l'avenir de notre pays dont on parle ! Une honte. Les familles acceptent de moins de moins de subir un système qui ne prend pas suffisamment soin de leurs enfants. En témoigne l'augmentation du nombre d'élèves inscrits dans le privé. D'après les statistiques du ministère, au cours de la décennie 2000, entre 6 000 et 8 000 élèves étaient inscrits chaque année dans les collèges « hors contrats ». Ce chiffre est monté à plus de 16 000 en 2021 !

Évidemment, les salaires sont notoirement insuffisants dans notre système éducatif. Enseigner est un métier tout à la fois important, difficile et épuisant. Pourtant, un professeur de français, discipline cruciale s'il en est, perçoit après quinze ans d'ancienneté environ 2 700 euros bruts. Cette radinerie est une folie, une myopie extrême, qui nous fait penser qu'être pingre serait rentable. Dans ce cas précis, elle contribue à diminuer notre prospérité future. C'est la raison pour laquelle je propose comme mesure d'urgence une augmentation de 20 % des salaires de tous les enseignants en contrepartie d'une augmentation du temps de classe ou de soutien scolaire de 10 %. Ce serait une dépense importante pour notre pays, mais elle constituerait un investissement indispensable. Pensons-nous rester un pays prospère en abandonnant toute notion d'excellence en matière de recrutement des professeurs ?

Le salaire n'épuise pas le sujet de la pénurie d'enseignants. D'ailleurs, la crise des recrutements dans ce métier est européenne, et non pas seulement française, alors même que certains pays paient bien. L'Allemagne, qui n'échappe pas au problème, rémunère ses instituteurs 65 000 euros par an, et ses professeurs de lycée plus de 75 000 euros. En dehors de la valorisation financière, il existe une valorisation symbolique. Ces deux valorisations doivent être considérées comme complémentaires si l'on veut rendre le métier si important de professeur attractif. Or, nos enseignants pratiquent un métier dont l'exercice est de plus en plus difficile, avec, notamment, des parents plus insupportables que leurs enfants, ou des jeunes issus de l'immigration qui ne partagent pas tous spontanément toutes nos valeurs universalistes. Il faut rendre aux enseignants le prestige social qui leur est dû.

L'exemple inquiétant des mathématiques

Le niveau des Français en mathématiques s'est effondré. C'est une honte nationale et un danger pour notre prospérité, car, dans le contexte de la troisième révolution industrielle, ce sous-développement en mathématiques pourrait se transformer en sous-développement économique et social. La France a pendant longtemps été le pays des mathématiques : celui où l'enseignement était qualitatif et égalitaire, et qui obtenait un nombre impressionnant de médailles Fields (l'équivalent du prix Nobel). Cette période est malheureusement terminée. La dernière enquête Timss, en 2019, enquête internationale qui porte sur l'enseignement des sciences en général et des mathématiques en particulier, est catastrophique pour notre pays. Concernant le niveau en CM1, la France est en avant-dernière position du classement, devant le Chili, bien derrière la Slovaquie, la Croatie ou la Bulgarie. 15 % des élèves ne disposent même pas des connaissances élémentaires. Concernant le niveau en classe de 4e, notre pays est dernier d'Europe, alors que nous étions parmi les meilleurs dans les années 1990. En vingt-cinq ans, les élèves de 4e ont perdu en moyenne le niveau d'une classe (autrement dit, ils ont aujourd'hui le niveau des 5e de 1995). Les études réalisées par l'Éducation nationale montrent que le niveau recule aussi pour le décile des élèves les plus performants. Ce que les spécialistes de l'éducation appellent « l'effet maître » est souvent mis en cause. Autrement dit, l'Éducation nationale éprouve des difficultés à recruter un nombre suffisant d'enseignants parfaitement à l'aise avec la discipline. La faiblesse des salaires, les conditions de travail, mais aussi le fait que les professeurs des écoles sont souvent issus des formations littéraires, sont les principaux éléments en cause.

Non seulement le niveau baisse, mais les effectifs d'étudiants suivant une formation sérieuse en mathématique fondent. Une nouvelle alerte a été donnée en 2022 par l'APHEC (Association des professeurs des classes préparatoires économiques et commerciales), qui s'inquiétait d'une chute de 9 % du nombre d'élèves dans ces classes. Que nos jeunes se détournent partiellement des « prépas » n'est pas un problème en soi. C'est l'analyse de la cause principale qu'il faut comprendre : le tarissement du nombre d'élèves de première et de terminale qui suit un enseignement consacré aux mathématiques.

L'éducation et la prospérité

Le drame de l'« à-peu-près » éducatif concerne les parents, mais aussi tous les citoyens. Il concerne les parents, car il est avéré qu'une partie importante (au moins un tiers) des différentiels de salaires entre les individus prend sa source dans les différences éducatives. Or quel parent n'est pas intéressé par la sécurité financière de ses enfants ? Il concerne les citoyens, car les performances économiques et le bien-être financier sont liés à la qualité du système éducatif. Ce lien est matérialisé par les gains de productivité qui sont le principal vecteur de hausse de la production et des revenus. Dans une note publiée en septembre 2022, le Conseil d'analyse économique chiffre le coût économique de la dégradation de nos performances éducatives et de notre sous-performance relative par rapport à des pays comme les États-Unis ou l'Allemagne[1]. Par exemple, entre 2004 et 2019, la France a perdu 7 points de croissance du PIB par habitant comparée à l'Allemagne. Sur ces 7 points, 5 émanent de notre moindre performance en matière de productivité, laquelle s'explique essentiellement par le manque de qualifications. Mieux éduqués, les Français seraient en moyenne plus riches. Les auteurs de la note montrent aussi que, si la France augmentait ses performances en enseignement des mathématiques à hauteur de ce

1. Maria Guadalupe, Xavier Jaravel, Thomas Philippon, David Sraer, « Cap sur le capital humain pour renouer avec la croissance de la productivité », *Les Notes du Conseil d'analyse économique*, n° 75, septembre 2022.

que l'Allemagne a réussi au milieu des années 2000 (après avoir pris brutalement conscience du problème suite à la publication de classements PISA jugés honteux), notre croissance annuelle par habitant augmenterait de 0,2 point. Cela peut sembler faible, mais, au bout d'une dizaine d'années, cela représente une différence significative en matière de pouvoir d'achat par habitant.

Comme je l'ai démontré plus haut dans cet ouvrage, au-delà de la productivité et de la capacité d'une économie à générer des revenus pour sa population, la production d'innovations est l'un des éléments de la puissance géopolitique, puissance à laquelle la France aspire. Atteindre la frontière technologique dans des secteurs comme l'intelligence artificielle, les biotechnologies ou les énergies décarbonées doit faire l'objet d'une politique prioritaire pour des raisons économiques et pour des raisons de souveraineté et de puissance. C'est l'idée, correcte sur le papier, du plan France 2030, présenté par le président Macron en 2021. Ce plan est le bon sur le fond (il sélectionne et soutient une petite dizaine de secteurs très innovants), et il est bon quant à son organisation, très orientée vers les besoins des entreprises. Le montant indiqué, de 30 milliards d'euros sur cinq ans, peut sembler modeste vu l'enjeu, mais les apports privés devraient permettre de le multiplier par deux ou trois. L'obstacle qui surgira rapidement ne sera donc pas celui des moyens financiers, mais celui du manque de compétences. C'est, par exemple, une excellente idée de vouloir bâtir en France une filière de l'hydrogène propre. Mais on n'en fera pas une filière radicalement innovante sans une recherche de très haut niveau, tant en sciences qu'en mathématiques. Vouloir isoler la recherche appliquée (en physique) de la recherche fondamentale (en mathématiques) relève du jeu d'esprit. Dans la vie réelle, tout est imbriqué.

Le drame de l'enseignement supérieur

Les Français sous-estiment un point fondamental pour l'avenir de notre pays : la clé de la prospérité et de la puissance réside dans la maîtrise de la science. Cela devrait être naturel au pays de Pasteur. Je ne résiste pas à l'envie de reproduire son ode à l'élévation intellectuelle prononcée lors de la pose en 1883 d'une plaque sur sa maison natale à Dole :

« Et toi, mon cher père, dont la vie fut aussi rude que ton rude métier, tu m'as montré ce que peut faire la patience dans les longs efforts. C'est à toi que je dois la ténacité dans le travail quotidien. Non seulement tu avais les qualités persévérantes qui font les vies utiles, mais tu avais aussi l'admiration des grands hommes et des grandes choses. Regarder en haut, apprendre au-delà, chercher à s'élever toujours, voilà ce que tu m'as enseigné. »

Voilà qui devrait être gravé au fronton de chaque université. Ce rappel serait bien utile quand on voit des énergumènes monter des assemblées générales dans des amphithéâtres pouilleux, déclamer des idioties contre la science ou le « savoir bourgeois ». Ce luxe anticapitaliste est possible dans des pays très riches. Dans un pays sur le fil du rasoir économique et social comme le nôtre, c'est une captation coupable d'un service public à des fins idéologiques. Il faut remettre de l'ordre.

Notre système d'enseignement supérieur est protéiforme. Le meilleur (rare) côtoie le moins bon (assez concentré dans les sciences humaines et sociales). Dans certains cas, le ver s'est trouvé très tôt dans le fruit. Lisez ce qu'écrivait Georges Pompidou dans son ouvrage politique *Le Nœud gordien*, rédigé juste après mai 1968. Pompidou est un peu amer, mais la rudesse de son diagnostic ne le rend pas complètement erroné :

« Pratiquement, l'étincelle a jailli à Nanterre. Milieu propice, s'il en fut, à la contestation, faculté créée hâtivement parce qu'il fallait courir au plus pressé, dans un environnement, hélas ! déplorable, et consacré pour une large part à des enseignements particulièrement destructeurs - je parle de la sociologie notamment. » Sur les sociologues, il écrit : « Comme les sophistes de Platon, les scolastiques du XVe siècle ou les médecins de Molière, ils cherchent leur autorité et leur prestige dans un jargon spécifique, inaccessible au profane, et appliquent leur intelligence et les détours de leur esprit à critiquer une société où de fait ils n'ont aucune utilité clairement définie. Ne menant pratiquement à rien et les bourses aidant, ces études n'ont nulle raison de finir. » Piquant, écrit sous l'émotion, mais encore assez valable, on en conviendra.

Certaines de nos universités sont excellentes, mais elles le sont souvent contre un système qui ne tire pas les étudiants vers le haut et n'est pas fait pour attirer les meilleurs étudiants étrangers. Nos plus grandes écoles de commerce ou d'ingénieurs forment d'excellents élèves, mais elles sont peu connues en dehors de nos frontières. L'excellence doit lutter pour émerger, alors qu'elle devrait être encouragée à tous les niveaux. L'université française est un lieu où, souvent, les intrigues, les jalousies et le ressentiment guident les carrières autant que la connaissance et l'habileté à enseigner. Quand une grande université américaine souhaite recruter un professeur, elle lui propose une rémunération compétitive, et elle trouve les financements.

Le budget de l'enseignement supérieur est, en France, limité, même s'il n'est pas ridicule. Il faudrait tout à la fois l'augmenter et augmenter davantage l'autonomie des universités. La France consacre 1,5 % de son PIB à l'enseignement supérieur. C'est plus que l'Allemagne (1,3 %), qui obtient de meilleurs résultats que nous en matière de productivité (l'affectation des ressources compte autant que le montant total des budgets), ou l'Italie (0,9 %). Certains pays réalisent un effort nettement plus important, avec des conséquences économiques visibles, d'autant plus que leur système d'enseignement supérieur est remarquablement organisé de façon à former et à attirer les meilleurs étudiants du monde. C'est le cas du Royaume-Uni (2 %), du Canada (2,3 %) et, bien sûr, des États-Unis (2,5 %). L'université française consacre environ 10 000 euros par an à chacun de ses étudiants. 80 % de son budget provient de l'État. Les droits d'inscription sont uniformes et faibles (moins de 200 euros par an en licence, contre 1 500 en Espagne, 2 000 en Italie et, évidemment, beaucoup plus aux États-Unis et au Royaume-Uni). 40 % des étudiants sont boursiers. Nos universités sont financièrement moyennement dotées, ce qui se traduit par une valorisation des enseignants qui ne peut être compétitive avec celle du secteur privé pour attirer les meilleurs chercheurs et les meilleurs enseignants. Par comparaison, les GAFA ont des moyens quasi illimités pour recruter les meilleurs. En 2022, le budget de recherche et développement d'Amazon a dépassé 60 milliards d'euros. C'est plus que le budget total de la recherche publique et privée en France. Désorganisées et pas très riches, les universités sont obligées de radiner sur tout. Un chercheur qui veut être correctement payé et qui souhaite des moyens conséquents pour financer ses recherches ira dans le privé ou à l'étranger. Le suicide français est là ! Nous sommes incapables de conserver l'intelligence et de la faire fructifier, par manque d'ambition et perte du goût de l'excellence. Nous faisons un choix collectif pour la médiocrité, sans en assumer les conséquences matérielles (le risque d'un appauvrissement et d'une perte de puissance).

La réforme Pécresse de 2008 sur l'autonomie des universités, en donnant plus de pouvoir aux présidents d'université et en permettant aux établissements d'aller chercher des financements du secteur privé, allait dans le bon sens. Mais cette réforme n'a pas donné de résultats probants, car la culture universitaire française n'a pas changé, hostile au privé, fossilisée par les syndicats, rétive à l'idée d'excellence, jugée trop élitiste. Les droits d'inscription devraient être augmentés simultanément à une extension des bourses en fonction des revenus des parents. La fac n'a pas besoin d'être globalement sélective mais il faut trouver le moyen de rééquilibrer les filières en fonction de ce que nous voulons pour notre pays. Ainsi, au niveau master, 18,5 % des étudiants à l'université sont en filière scientifique, contre 28 % en arts, lettres, langues et sciences humaines. Les femmes restent en particulier largement sous-représentées en sciences « dures ». En toute honnêteté, est-ce bien satisfaisant ?

Dans l'université française, la réussite est jalousée, l'argent refoulé. L'articulation entre la recherche universitaire et la recherche privée fonctionne mal. Davantage de moyens et d'autonomie dans la gestion des ressources humaines, un renforcement de l'attractivité des filières scientifiques, et un accent plus prononcé sur la recherche et donc sur l'innovation : voilà ce qui manque. En effet, au sein du ministère de l'Enseignement supérieur et de la Recherche, les priorités budgétaires et syndicales profitent davantage à l'enseignement qu'à la recherche. C'est pourquoi il serait judicieux d'intégrer ce ministère dans un grand ministère de l'Innovation, qui aurait pour mission d'incarner, d'anticiper, de rationaliser, de simplifier et de coordonner la politique de recherche et d'innovation de la France. Une sorte de ministère de l'Excellence française, un ministère de l'Anti-déclin. Il faut donner une nouvelle impulsion à l'université et la mettre au service d'objectifs qui servent l'intérêt général : l'excellence en matière de recherche, l'efficacité en matière d'innovation, la lucidité quant à l'intégration économique des étudiants.

7

Le risque du populisme : de l'« à-peu-près » à la chute

Le populisme est la facilité qui nous conduirait au pire, j'en suis absolument convaincu. Le populisme repose sur la simplification du réel, voire sur son effacement, sur le ressentiment (envers les riches, envers les étrangers), sur une dénonciation outrancière des élites, sur une parole au nom d'un peuple fantasmé, et sur le détachement de la science et de la rationalité. Le populisme est une défaite de l'esprit, et pourtant, cette menace est plus que réelle. Au premier tour de l'élection présidentielle de 2022, Jean-Luc Mélenchon, Marine Le Pen et Éric Zemmour ont réalisé à eux trois nettement plus de la moitié des suffrages exprimés. Céder au populisme, c'est passer de « l'à-peu-près » aux abîmes sans savoir combien de temps sera nécessaire pour en sortir. Intolérable pour ceux qui croient au génie français et qui estiment que notre pays mérite le meilleur, pas le pire.

L'économie du populisme

Il y a quelques raisons pour les Français de céder au vote populiste. La conjonction de la mondialisation et de l'innovation technologique génère une vague de destruction créatrice qui angoisse. Saurons-nous nous adapter collectivement à ces changements technologiques ? Que faire si l'on est du mauvais côté de la fracture numérique ? La guerre menée par la Russie en Ukraine et l'emploi potentiel de l'arme nucléaire peuvent amener certaines personnes à choisir des dirigeants qui pourraient faire preuve d'indulgence avec Vladimir Poutine dans l'espoir de l'amadouer. Nombre de nos concitoyens ont l'impression de subir une dépossession démocratique dans la mesure où leurs choix politiques ne semblent pas avoir de conséquences concrètes. Ainsi en est-il de l'insécurité. Alors que les Français expriment un sentiment d'insécurité massif et une préoccupation croissante en la matière, la situation ne semble guère s'améliorer.

Je voudrais néanmoins convaincre que, dans la pratique, le populisme n'apporte pas de réponses aux questions qui inquiètent ceux qui sont susceptibles d'y céder. Il existe une large littérature académique sur les effets économiques du populisme, notamment dans l'Amérique latine des années 1980-1990 (un modèle assumé pour Jean-Luc Mélenchon). L'un des articles fondateurs de ce domaine de recherche est celui de Rudiger Dornbusch et Sebastian Edwards, publié par le National Bureau of Economic Research en 1989.

Les programmes populistes, de gauche comme de droite, présentent toujours trois traits saillants. Premièrement, ils prétendent agir au nom du « peuple » (un peuple souvent fantasmé et rarement défini précisément) contre les élites. Deuxièmement, ils prônent un État fort, par opposition au marché, mais aussi aux contraintes juridiques, y compris constitutionnelles (on se souvient des critiques formulées par Éric Zemmour contre le Conseil d'État et le Conseil constitutionnel). Cette passion pour l'État fort qui vire au virilisme explique d'ailleurs la complaisance passée du trio Le Pen-Zemmour-Mélenchon pour les dictateurs comme Vladimir Poutine. Enfin, les populistes rejettent les contraintes économiques. Jean-Luc Mélenchon expliquait sans rire pendant la campagne présidentielle de 2022 qu'une fois élu (notre pays a heureusement échappé à cette prophétie), il irait voir la Banque centrale européenne pour lui demander d'annuler la dette publique française qu'elle portait à son actif. La vie est simple quand on a des idées simples.

Les études économiques montrent que ce passage des populistes au pouvoir a systématiquement trois conséquences. D'abord, l'affranchissement des contraintes financières et de compétitivité déclenche un cycle de type expansion-récession. En effet, augmenter le SMIC, accroître les dépenses publiques, ou baisser des prélèvements obligatoires à l'aveugle, voire nationaliser des entreprises, comme le proposent régulièrement Mélenchon et Le Pen, tout cela entraîne, dans un premier temps, une forte croissance. Mais, dans un deuxième temps, la résurgence de contraintes, comme la hausse des taux d'intérêt ou l'inflation, oblige à un tournant dont une version *light* en France fut celui de 1983, après deux années de largesses mitterrandiennes. Dans le cas présent, ce tournant serait particulièrement rapide et violent. On pourrait même éventuellement passer directement à la phase récessive. En effet, notre économie est déjà en surchauffe. La demande est supérieure à l'offre, ce qui se traduit par un déficit commercial élevé et en augmentation, des difficultés de recrutement inédites pour les entreprises, et une inflation au plus haut depuis plusieurs décennies. Relancer la demande dans ces conditions est absolument contre-productif, renforcerait l'inflation et les problèmes de pouvoir d'achat.

Deuxième conséquence du populisme économique : l'augmentation des inégalités. Ce point peut sembler contre-intuitif, tant Marine Le Pen et surtout Jean-Luc Mélenchon prétendent avec force lutter contre ce problème. Mais il faut analyser les programmes et ne pas s'en tenir aux paroles. Prenons un exemple concret. Le Pen et Mélenchon proposent tous deux de ramener l'âge légal de départ en retraite à 60 ans. Ce genre de mesure, qu'aucun pays n'a jamais prise récemment (il doit bien y avoir une raison...), fragiliserait nos comptes sociaux et empêcherait, par exemple, de doter la branche autonomie. Le Pen et Mélenchon prétendaient pendant leur campagne que cette mesure serait financée. C'est faux, dans la mesure où aucun des deux ne prenait en compte l'impact de l'abaissement de l'âge de départ en retraite sur le ratio actifs/inactifs, et donc la dégradation de la croissance qui en résulterait. Abaisser l'âge de départ en retraite, ce serait fragiliser la Sécurité sociale. Les plus riches pourraient toujours avoir des meilleurs contrats d'assurance santé, ou payer les frais de dépendance de leur poche. Mais les autres... Autre exemple : Marine Le Pen proposait dans son programme de 2022 de contraindre les cantines scolaires à utiliser 80 % de produits agricoles français. Cette mesure était, selon son document de campagne, « autofinancée ». Dans les faits, cela signifie que les familles devront payer plus cher pour que les enfants puissent déjeuner... Pas vraiment social.

Troisième conséquence du populisme : la fragilisation du cadre institutionnel. Il est démontré que les leaders populistes restent plus longtemps au pouvoir que les autres (2,2 années de plus pour être exact). Cette longévité n'est pas liée à leur réussite, mais à leur difficulté à quitter le pouvoir par les voies légales.

Même Donald Trump, dans un pays à la tradition démocratique solidement ancrée, a tenté de jouer cette carte en encourageant sans doute l'invasion du Capitole et en refusant d'admettre explicitement sa défaite face à Joe Biden. La fragilisation du cadre institutionnel a des effets pernicieux et puissants. De Zemmour, qui fustige nos institutions aux mesures fiscales inconstitutionnelles, car spoliatrices, à Mélenchon, les populistes font toujours passer « le peuple » avant « le droit », nous ramenant aux sociétés d'avant la philosophie des Lumières. Cette corrosion de l'État de droit mine l'attractivité économique d'un pays, assèche le flux d'investissements étrangers, et diminue sa capacité à générer des emplois et des salaires. Ce sujet n'est pas théorique. L'Argentine ne s'est toujours pas remise du péronisme (Juan Perón fut élu président en 1946). Les conséquences de l'arrivée au pouvoir d'un président populiste peuvent être irréversibles. La France ne méritera jamais ça.

Le risque argentin

L'Argentine montre que, en économie, il n'y a pas de déterminisme historique. De la même façon que Singapour, le Luxembourg ou, dans une moindre mesure, l'Espagne ou le Portugal sont des pays pauvres devenus riches, l'Argentine est un pays riche qui s'est appauvri, ce que les Français devraient méditer. Jusqu'à la Première Guerre mondiale, l'Argentine faisait partie des pays les plus prospères de la planète. Elle attirait des immigrés du monde entier, avides de s'enrichir dans l'agriculture et l'élevage. Les étrangers comme les natifs développaient des exploitations et profitaient de la mondialisation d'avant-guerre pour exporter et constituer des patrimoines. Le niveau de vie y était proche de celui de l'Angleterre et supérieur à la France. Les bâtiments bourgeois de Buenos Aires témoignent de cette époque. Aujourd'hui, le PIB par habitant de l'Argentine représente moins de 50 % de celui des pays riches. La croissance depuis un siècle a été chaotique, oscillant au gré des crises monétaires et de la défiance des investisseurs internationaux. Comprendre pourquoi l'Argentine a tourné le dos à la prospérité à partir des années 1930, c'est réaliser ce qui pourrait arriver à l'Europe si elle écoute ses mauvais démons : nationalisme et interventionnisme. C'est anticiper ce que pourrait être l'avenir de la France si elle ne met pas un terme à ses fantasmes populistes.

Au début du XXe siècle, l'Argentine était dynamique, mais peu industrialisée et guère innovante. Sa population était peu éduquée. Elle subit de plein fouet la crise des années 1930 puis la montée du protectionnisme. Quand Perón arriva au pouvoir en 1946 après une première série de dictatures militaires, il donna un verni politique, voire pseudo-intellectuel, à ses idées réactionnaires. Le péronisme fut un mélange de protectionnisme, de corporatisme et de dirigisme. Le charisme de Perón et la popularité de sa femme Evita ne purent infléchir la réalité. Perón injecta le poison populiste dont l'Argentine souffre encore et dont les récentes présidences des époux Kirchner (lui de 2003 à 2007, elle de 2007 à 2015), basées notamment sur le financement du déficit public par l'inflation, constituent un spasme récent. Une grande partie des Argentins reste fascinée par le régime péroniste. Que les Européens comprennent cela : un pays qui plonge dans la lâcheté du populisme peut, un siècle plus tard, en être encore malade. Les victimes de ces politiques ne sont jamais les plus riches. Ce sont toujours les plus fragiles.

La démocratie libérale n'est pas coupable

Le populisme d'extrême droite s'appuie notamment sur l'inefficacité des démocraties par rapport aux « pouvoirs forts ». C'est l'une des raisons qui explique la complaisance des populistes pour les dictateurs. Même à gauche, Jean-Luc Mélenchon, jamais économe d'une analyse géopolitique délirante pourvu qu'elle dise du mal de la démocratie libérale, expliquait que l'Ukraine ne pouvait rien contre la Russie. On comprend bien entre les lignes qu'une démocratie libérale est pour lui nécessairement plus faible qu'un pays dont le dirigeant fustige le « néolibéralisme » et la prétendue faiblesse de nos démocraties. Au début de la pandémie, il était, il est vrai, communément admis chez les observateurs que la Chine sortirait gagnante de la crise. Aujourd'hui, l'Empire du Milieu est pénalisé par les ratés de sa politique sanitaire, empêchant son économie de redémarrer. Fin février 2022, si toutes les personnes attachées au droit international ont condamné l'invasion russe, la plupart ont pensé comme Mélenchon que l'Ukraine serait rapidement écrasée par l'armée russe. Aujourd'hui, la situation militaire est pour le moins disputée. Au fond, il avait été largement intégré ces dernières années en Occident que si la morale était du côté des démocraties libérales, l'efficacité des politiques publiques était du côté des dictatures qui pouvaient planifier, et donc sortir des crises plus facilement que des pays devant en permanence rendre des comptes aux électeurs et aux médias. Le court terme et l'impossibilité de garder un cap d'un côté, le long terme et la planification efficiente de l'autre.

En réalité, il n'en est rien. La démocratie libérale a pour elle la morale *et* l'efficacité. L'absence de croissance en Chine et la probable montée du chômage sont directement liées à la gestion de la pandémie. La consommation et l'investissement des entreprises sont affectés par le *stop and go* des restrictions sanitaires.

La relance par l'investissement public ne suffit pas à compenser la baisse de la demande intérieure. L'économie chinoise ne tient qu'au fil des exportations vers l'Europe et les États-Unis. Pékin, tout à son nationalisme, refuse d'acheter les vaccins américains Pfizer-BioNTech et Moderna. De fait, il empêche la pandémie d'évoluer vers une situation à l'occidentale où les personnes sont correctement protégées des cas graves et des décès et où les différentes vagues n'ont plus qu'un effet marginal sur l'économie. Aucune démocratie ne tolérerait une situation de ce type. La Turquie souffre d'une inflation officielle de 80 %. En réalité elle est sans doute supérieure à 100 %. Au moment où j'écris ces lignes, la livre turque est au plus bas par rapport au dollar. Face à l'inflation, la Banque centrale turque n'a de cesse de baisser ses taux d'intérêt, là où le bon sens (et la littérature économique) commande de les augmenter. La banque centrale est indépendante en théorie, mais elle ne l'est pas dans les faits. Le président Erdogan a pris l'habitude de limoger les banquiers centraux qui n'adhèrent pas à sa théorie personnelle baroque selon laquelle les hausses de taux d'intérêt sont inflationnistes car elles augmentent les coûts de financement des entreprises, ce qui serait répercuté sur les prix. Face à d'éventuelles critiques, le président Erdogan mobilise un argument massue qu'il vient de brandir à la télévision : « Je suis un économiste » (il est en effet officiellement diplômé en économie d'une université turque). Dans un véritable État de droit, ce sont des banquiers centraux compétents qui mènent la politique monétaire (ce qui n'exclut pas qu'ils commettent des erreurs, bien sûr).

En Russie, l'information économique est de plus en plus verrouillée, ce qui empêche d'évaluer l'impact réel des sanctions. Le pays ne publie plus de statistiques sur le commerce extérieur, et des propagandistes se répandent sur les réseaux sociaux en répétant benoîtement les chiffres diffusés par l'État russe. Impossible de prendre dans ces conditions des décisions rationnelles. Un article paru dans le *Financial Times* en octobre 2022 a montré que le nombre de statistiques économiques publiées par le Bureau national des statistiques de Chine (l'équivalent de l'Insee) avait décru avec la baisse de la croissance. Plus de 80 000 indicateurs étaient rendus publics chaque année au tournant de la décennie 2010, contre moins de 10 000 désormais.

C'est sans doute la question de la lutte contre le réchauffement climatique qui a été la plus utilisée pour tenter de démontrer la plus grande capacité des dictatures à prendre le taureau par les cornes en cas de besoin. Hélas pour les zélateurs de l'autocratie, les émissions de CO_2 sont désormais en baisse dans quasiment toutes les démocraties, États-Unis compris. À l'inverse, les émissions carbone continuent d'augmenter en Russie et en Chine, où leur pic est attendu un peu avant 2030 et alors même que les délocalisations de l'ouest vers l'est, devenues rares, ne peuvent plus justifier cet état de fait par une « exportation » des émissions occidentales de carbone. Dans les démocraties, la pression des citoyens est suffisamment forte pour que, du vaccin au CO_2, les gouvernements soient astreints à atteindre un certain niveau d'efficacité, fût-ce au prix de politiques changeantes. Dans les dictatures, les mécanismes de correction des erreurs sont grippés. L'efficacité y est souvent une illusion.

Mener le combat intellectuel

Le populisme procède d'un romantisme, qui lui-même s'accommode d'écarts avec la réalité. Éric Zemmour réécrit l'histoire, allant jusqu'à asséner que Pétain a protégé les Juifs. Marine Le Pen, dès lors qu'on lui place quelques chiffres sous les yeux, vous répond que la vérité « de la vie des gens » (parce que visiblement ses interlocuteurs ne sont pas de vrais humains) ne saurait se trouver dans les statistiques. Quant à Jean-Luc Mélenchon, son paradis latino-révolutionnaire n'existe que dans sa cervelle, la réalité de son modèle vénézuélien ressemblant plutôt à un enfer sur Terre. Le problème, c'est que la remise en cause de la vérité émane d'un relativisme généralisé qui s'étend comme une maladie contagieuse. Les réseaux sociaux n'aident pas, c'est le moins que l'on puisse dire. En suggérant que toute parole se vaut, ils contribuent à propager le mensonge bien plus que la vérité. Il est en effet démontré que les nouvelles s'y diffusent d'autant plus facilement qu'elles sont spectaculaires, indépendamment de leur degré de crédibilité. Le sociologue Gérald Bronner a montré, parmi d'autres, à quel point le « marché cognitif » était envahi par les diffuseurs de mensonges. Les énormités proférées par les antivax pendant la pandémie, ou par les pro-russes depuis février 2022, sont là pour le montrer. Tout peut être crédible à partir du moment où c'est scandaleux, à partir du moment où cela peut ébranler le pouvoir « macronien ». Vaste programme.

Ce romantisme des anti-Lumières affecte des pans de la société qui auraient dû en théorie en être protégés. Un sondage financé par l'Agence nationale pour la recherche, réalisé auprès du personnel du CNRS (chercheurs, ingénieurs et techniciens), a apporté un éclairage saisissant sur le relativisme scientifique des milieux... scientifiques. Ainsi, près de 90 % des personnes interrogées jugent acceptable le boycott des produits alimentaires contenant des OGM ; 45 % jugent assez acceptable ou tout à fait acceptable la destruction de plants OGM en plein champ ; plus de 75 % émettent le même jugement concernant la lutte contre l'implantation d'un centre de stockage de déchets nucléaires, et 64 % concernant la lutte contre la pose d'une antenne de téléphonie mobile. Que la population générale ait ce genre d'indulgence serait un signal d'alarme. Mais que les poncifs sur les OGM soient perçus avec indulgence par des chercheurs ! les bras nous en tombent. S'il est un domaine dans lequel nous avons besoin de sciences, c'est celui de l'alimentation, face à ces trois défis colossaux que le romantisme ne nous aidera pas à relever. Premièrement, il nous faut décarboner le processus de production agroalimentaire, le rendre plus économe en engrais et en eau (certains OGM peuvent nous y aider). Deuxièmement, il est nécessaire, pour un pays comme la France, de produire davantage, à la fois pour assurer notre souveraineté alimentaire et pour exporter vers les pays pauvres qui ne sont pas autosuffisants en matière agricole. Troisièmement, il faut limiter la hausse des prix, afin que tous nos concitoyens puissent se nourrir correctement. C'est malheureusement loin d'être le cas. Répondre à ces défis passe par la réalisation de gains de productivité quantitatifs et qualitatifs grâce aux biotechnologies, à la génétique, à l'intelligence artificielle. Nos agriculteurs sont technophiles. Le seraient-ils plus que nos chercheurs ? Dans ce cas, que n'exercent-ils pas un autre métier ? Nous sommes là au cœur du syndrome de « l'à-peu-près » et de ses causes.

Suite à la publication de cette étude, certains responsables du CNRS ont multiplié les entorses mentales (certains ont dû se faire vraiment mal) pour rappeler que l'étude mesurait, non pas le soutien de collaborateurs du CNRS au fauchage de plants OGM, mais leur degré de compréhension par rapport à de telles actions. Oui, merci, on avait parfaitement compris. Simplement, l'interprétation de ces réponses semble bien faire apparaître une certaine complaisance vis-à-vis d'actions antiscientifiques. Merci donc de ne pas nous prendre pour des imbéciles, surtout quand nous n'en sommes pas. Si le CNRS est au mieux à peu près convaincu des bienfaits de la science et de l'innovation, comment s'étonner que la France soit un pays à peu près scientifique et à peu près innovant ?

Cet « à-peu-près » généralisé vis-à-vis des sciences est bien ce qui ressort d'un sondage Ipsos commandé par l'Institut Sapiens et publié en octobre 2022. Il apparaît, selon cette enquête, qu'« un Français sur deux estime que ce n'est pas parce qu'un scientifique spécialisé sur un sujet lui démontre un fait scientifique que c'est vrai ». Pour se renseigner sur les enjeux scientifiques complexes, 67 % des Français interrogés font confiance à leurs proches, contre 62 % qui font avant tout confiance aux autorités scientifiques. 51 % des Français estiment que leur jugement personnel a autant de valeur que l'opinion d'un scientifique. La même proportion seulement sait que Didier Raoult a eu tort de promouvoir l'hydroxychloroquine pour lutter contre la

Covid-19. Il ne faut pas dramatiser. Tout ce qui ressort de ce sondage n'est pas noir. Les Français ont encore massivement confiance dans la science et dans l'innovation et ils sont une immense majorité à voir avec confiance les recherches dans les énergies renouvelables, les vaccins ou même la génétique. Mais, clairement, la rationalité ne fait plus consensus et, en science comme en économie, un nombre croissant de nos concitoyens pensent que n'existe pas « une vérité », mais « des vérités », voire « leur vérité ».

On me demande souvent comment il convient de réagir face au populisme et au relativisme qui contribuent à affaiblir notre pays et à l'entretenir dans cet « à-peu-près » dénoncé dans ces pages ? Il n'y a pas de réponse simple car le combat est déséquilibré. Les activistes populistes sont très présents sur les réseaux sociaux, davantage que ceux d'entre nous dont la journée est absorbée par le travail. Les forces rationalistes doivent se regrouper, débattre, répondre, attaquer. C'est un travail qui ne finit jamais, une guerre d'endurance. C'est épuisant, répétitif, lassant, mais c'est notre devoir pour amener la France vers l'excellence.

8

Revaloriser l'excellence

L' « à-peu-près » est un état d'esprit généralisé. Son contraire, l'excellence, n'est pas une notion élitiste. Chacun peut viser l'excellence dans un domaine particulier. Chacun peut, par son travail, tirer notre pays vers le haut, ce qui correspond à la première forme de patriotisme et de solidarité. Cela nécessite de combattre les discours sur le déclin programmé de la France, sur cette forme d'historicisme qui condamnerait notre civilisation et notre nation à la marginalisation. Cela nécessite de lutter contre ceux qui font la critique du savoir, l'apologie de la paresse, la promotion de l'imperfection. La France n'est pas un pays tiède. L'excellence lui conviendrait mieux que « l'à-peu-près ». La restauration de l'excellence française repose principalement sur l'élévation des enseignants au rang de héros de la nation et sur la revalorisation du travail.

Élever le niveau de recrutement des enseignants

La mère des réformes est celle de l'enseignement, et de tous les enseignements : primaire, secondaire et supérieur. Je ne parle pas d'une réforme des programmes, des rythmes scolaires ou même des financements. Celles-ci ont leur utilité. Ouvrir davantage qu'aujourd'hui le financement des universités aux entreprises serait une mesure d'intérêt général qui renforcerait le rôle de service public dévolu à l'enseignement supérieur. Mais la priorité est de commencer par le haut : l'enseignement est dispensé par des enseignants. Il faut en faire des héros de la nation. Ils ont en main l'avenir de notre pays ! Nous devons les considérer en conséquence et accroître considérablement l'attractivité de la profession. Les meilleurs doivent être attirés par l'enseignement public et les parents doivent être mis en condition d'encourager leurs enfants à devenir profs. Nous en sommes tellement loin aujourd'hui. Salaires et conditions de travail : le métier d'enseignement est un sacerdoce. Il devrait être une consécration sociale.

Les salaires doivent être significativement revalorisés (j'ai évoqué une hausse de 20 % pour commencer) et leur formation (qui évidemment doit être une formation d'élite) allongée. Leur statut social doit être réévalué et les politiques doivent tenir un discours clair sur ce sujet. Les enseignants sont dans leur classe les détenteurs du savoir et de l'autorité. Voilà qui ne doit pas souffrir le début d'une discussion. Les parents doivent s'y plier. Si cela leur déplaît, qu'ils placent leur progéniture dans l'enseignement privé. Le discours démagogique et lénifiant du type « les élèves apprennent autant à leur professeur que l'inverse » doit être proscrit. Le syndrome de « l'à-peu-près » tient en grande partie à ce que les gens n'exercent plus leur métier. À force de bien-pensance, de normes et de process, les enseignants n'enseignent plus ; les policiers, surveillés et encadrés comme jamais par la terreur politique des bavures, ont peur de faire la police ; les agents hospitaliers effectuent des « actes » au lieu de « soigner ». Les professeurs doivent incarner la détention et la transmission du savoir et l'administration de l'Éducation nationale doit être tout entière alignée avec ces principes. L'encadrement des enseignants doit leur apporter un soutien et des conseils opérationnels. Face à des élèves menaçants, le professeur qui enseigne la Marseillaise ou professe la laïcité ou nos principes républicains ne peut être laissé seul. Il a besoin d'une aide immédiate apportée par des fonctionnaires de l'Éducation nationale qui viennent à lui. L'ordre et l'efficacité reviendront dans notre pays quand on laissera chacun faire ce qu'il a à faire.

Remarque de bon sens, mais ici, le bon sens est souvent décorrélé de la réalité.

Apprendre l'épistémologie

La médiocrité se nourrit du relativisme. Le romantisme c'est merveilleux, mais dans le domaine de la création artistique. Le savoir s'appuie sur des méthodes, sur une épistémologie. Si les Français et les politiques avaient mieux connu et compris les méthodes de la science, les médias n'auraient pas songé à donner à Didier Raoult l'audience hallucinante et néfaste qu'il a reçue pendant la crise de la Covid-19. Que l'un des plus grands instituts scientifiques de France, l'IHU Méditerranée, ait été dirigé par une personne qui, drapée dans ses diplômes, au cœur d'une épidémie inédite pour nos contemporains, a passé publiquement par pertes et profits le socle de la rigueur scientifique, est une défaite intellectuelle intolérable dont il faudra sérieusement tirer les conséquences. Non pas simplement en changeant les têtes, mais en se demandant pourquoi et comment notre intelligence collective a pu sombrer. Cet épisode a diminué notre rayonnement scientifique à l'étranger et contribué à « l'à-peu-près ». Entendons-nous bien : chacun a le droit de se tromper, Raoult comme un autre. Mais un scientifique n'a pas le droit de clamer que lui seul représente la science, qu'il la révolutionne, et qu'il détient seul contre tous le remède miracle. Il est fort logique que ce populisme médical ait été soutenu par les populistes politiques. La logique intellectuelle et narrative est la même.

Mais la France, ce doit être Pasteur, pas Raoult. Dans son rapport, la commission Bronner propose de « systématiser la formation à l'esprit critique en milieu scolaire » et de « développer la formation à l'esprit critique dans la société civile »[1]. C'est indispensable. Le physicien Étienne Klein n'a de cesse de mettre en garde contre ceux qui parlent sans savoir, notamment dans le domaine scientifique. Tout le monde donne son avis et tous les avis se valent. Dans ces conditions, la bataille pour l'excellence et pour l'avenir de notre pays est compliquée. Oui, la vérité existe ; oui, le savoir est utile ; oui, la connaissance repose sur des méthodes ; non, tous les discours ne se valent pas ; non, le diplôme n'est pas un sésame absolu contrairement à ce que prétendent Raoult ou les antivax, adorateurs de feu le Prix Nobel de médecine Luc Montagnier. Une connaissance basique de l'épistémologie doit amener à comprendre que la valeur d'un argument peut

1. Rapport de la commission Bronner, « Les Lumières à l'ère du numérique », janvier 2022.

s'évaluer indépendamment de celui qui le profère. Ainsi, si un Prix Nobel de physique affirme que la Terre est plate, la probabilité reste forte qu'elle ne le soit pas. Cela ne signifie pas que les diplômes sont sans valeur. Ils en ont une, et immense. Mais ils ne garantissent pas l'intégrité absolue des compétences, et encore moins l'honnêteté, surtout dans l'université française où les querelles de personnes et les idéologies l'emportent trop souvent sur la recherche de la vérité et l'accumulation du savoir, en particulier dans les sciences sociales.

Empêcher le décrochage de la France et ramener notre pays sur le chemin de l'excellence ne pourra pas se faire sur les sables mouvants relativistes. Notre pays doit se ressaisir intellectuellement.

Retrouver la joie du travail bien fait

La crise du travail

La crise du travail n'est pas qu'un phantasme de patrons de PME de plus de 50 ans qui dénoncent à longueur de journée « ces jeunes qui ne veulent plus rien foutre ». Cette crise existe, et on la voit apparaître dans les études d'opinion. Il y a un an déjà, le phénomène de « la grande démission », identifié aux États-Unis, avait alerté. En 2021, près de 50 millions de salariés avaient quitté leur job outre-Atlantique. On sait depuis qu'il ne s'agissait pas vraiment d'un abandon du travail, mais plutôt d'une « grande réallocation ». La plupart de ceux qui ont démissionné ont soit fait valoir leur droit à la retraite, soit retrouvé un emploi. La grande démission américaine, ce sont des gens qui changent d'entreprise pour être mieux payés et mieux considérés : rien à redire à cela. En France, le taux de démission est élevé, mais sans dépasser son niveau d'avant 2008 (avant que la crise financière ne déclenche une récession et fasse remonter le chômage). Cette hausse des démissions correspond au cycle normal du marché du travail : quand l'emploi est très dynamique (comme aujourd'hui), les salariés peuvent démissionner plus facilement. Rien de neuf.

Mais la crise du travail alors ? Elle existe, en tous cas en France, et elle semble profonde. L'Ifop, mandaté par l'éditeur de sites Les Makers, a publié une étude surprenante, déprimante par certains aspects, et qui doit, quoi qu'il en soit, nous faire réfléchir. 37 % des personnes interrogées pratiquent le « *quiet quitting* », c'est-à-dire qu'elles respectent leur contrat de travail, mais pas plus. Hors de question de dépasser les horaires de travail ou de faire du zèle. Cette proportion monte à 43 % pour les moins de 35 ans. Le *quiet quitting* a parfois de bonnes raisons : process excessifs, réunions inutiles, démotivation liée au manque de sens et d'autonomie dans le travail. Les entreprises ont clairement une responsabilité dans ce mouvement. On ne peut pas demander à des salariés d'être loyaux si on ne l'est pas ; on ne peut pas leur demander de travailler beaucoup si l'organisation de l'entreprise empêche la prise d'initiative. Mais le sondage de l'Ifop montre que le *quiet quitting* n'est qu'un aspect du problème. 45 % des sondés travaillent exclusivement pour le salaire. 48 % considèrent que le travail est avant tout une contrainte, plus qu'une source d'épanouissement (contre 25 % en 1993). 58 % des sondés, s'ils percevaient un revenu équivalent à leur salaire, arrêteraient de travailler. Enfin, 74 % des 18-24 ans et 78 % des 25-34 ans adhèrent à l'idée d'un droit à la paresse. Ce n'est donc pas une vue de l'esprit : nos concitoyens, et les plus jeunes en particulier, se détournent peu à peu de leur travail.

Au niveau global, cette crise ajoute une difficulté à notre société qui en connaît déjà un certain nombre. En effet, notre pays est peut-être fatigué de travailler, mais ses aspirations sont plus élevées que jamais. Les Français veulent une alimentation de qualité et pas trop chère, un bon système de santé, des services publics mieux dotés, des rayons de supermarché où il ne manque rien, etc., et leur consommation montre qu'ils ne semblent pas prêts à la décroissance. Certes, l'investissement des entreprises, et même des services publics, dans la robotisation, dans les algorithmes d'intelligence artificielle, ou dans les transports autonomes, peuvent générer la productivité qui compenserait la baisse du temps de travail pour maintenir la capacité de notre pays à servir les besoins de ses habitants. Mais ce schéma reste, pour l'heure, assez théorique. Ces technologies existent, mais elles ne sont pas toutes au point, et elles sont loin d'être intégrées dans notre organisation sociale et économique (personne ne pense que l'on puisse d'ici quelques mois remplacer les milliers de chauffeurs routiers qui manquent par des camions sans chauffeur). Cela arrivera sans doute, mais nous n'y sommes pas encore.

Retrouver le plaisir de l'ouvrage

L'un des aspects qui me frappent le plus quand je passe la frontière vers la Suisse, c'est l'ardeur au travail. Non pas un travail « à la japonaise », excessif et qui mène au burn-out, voire, dans des cas extrêmes, à la mort ; non pas un travail à la française, mélange de désorganisation et de précipitation, de réunions improductives et de stress ; non pas un travail à la britannique, aristocratique et enserré dans un costume-cravate que l'on dépose au pub en échange d'une abondante consommation de bière. Non, le travail en Suisse est un travail appliqué et joyeux. Les Suisses sont, dans leur immense majorité, heureux de travailler. Non pas qu'ils exercent tous des métiers passionnants en soi. La répartition des emplois n'y diffère pas de façon significative des autres pays. Simplement, ils ont le souhait et l'impression de « bien travailler », de réaliser de « belles choses », de faire « œuvre utile ». Les Français ont, quant à eux, un rapport complexe au travail. Pour résumer les choses de façon excessivement synthétique et en forçant le trait, je dirai que trop peu de Français travaillent, mais que ceux-là travaillent trop et mal, encadrés par un management défaillant, puisque nos entreprises considèrent qu'être manager est une promotion avant d'être une compétence. De fait, les entreprises qui entretiennent le culte de l'excellence, ou même du travail bien fait, ne sont pas si nombreuses. Beaucoup d'entreprises et de salariés sont en pilotage automatique. Souvent nous entendons des phrases intolérables comme « ce n'est pas moi qui m'en occupe », « envoyez un courrier », « c'est écrit là ». Pitié ! Nombre d'employés font leur boulot un point c'est tout. Leur management, souvent médiocre, trouve peu à y redire. Notre pays souffre d'une crise de l'excellence qui est aussi une crise de l'engagement. Oui, le management des entreprises a une responsabilité majeure dans ce problème qui a des incidences collectives néfastes.

Travailler plus pour vivre mieux ensemble

Nous devons travailler mieux et travailler plus collectivement pour répondre aux aspirations du pays et apaiser la mélancolie française. Nos pays ont besoin de générer beaucoup de croissance économique ces prochaines années : pour augmenter la mobilité sociale, pour assurer la protection sociale, pour financer la transition écologique, pour rembourser la dette publique, etc. En France, il faudrait au moins doubler notre taux de croissance structurel, de 1 à 2 %. L'effort à fournir est énorme. Nous allons donc devoir collectivement travailler plus, y compris pour innover, ce en quoi ceux qui font miroiter une semaine de quatre jours sont irresponsables. L'introduction d'un revenu universel, c'est-à-dire d'un revenu accordé sans autre condition que de détenir la citoyenneté, revient régulièrement dans la gamme des propositions défendues par une partie de la gauche et des écologistes. Les Français n'adhèrent pas à cette proposition, d'une démagogie rarement égalée. Le revenu universel briserait notre contrat social. En effet, chaque Français dispose d'une assurance sociale et du droit d'être financièrement soutenu le cas échéant. Mais ces assurances et ces transferts sont, de près ou de loin, reliés au travail. On part en retraite car on a travaillé ; on perçoit des indemnités journalières car on ne peut pas travailler temporairement ; on touche le chômage mais on doit chercher un travail ; on reçoit le RSA car l'on ne dispose pas d'un revenu d'activité suffisant ou parce que l'on ne parvient pas, depuis longtemps, à trouver un travail, etc. Introduire un revenu universel coupe le lien symbolique, si important, entre le revenu et le travail. C'est la colonne vertébrale de notre société qui serait disloquée. Notre pays enverrait un signal qui irait à l'encontre de l'effort, à l'encontre de l'excellence, comme si nous en avions besoin. La France serait profondément déstabilisée. Cette idée est à mettre aux oubliettes.

Travailler, cela passe notamment par une réforme des retraites qui, d'une façon ou d'une autre, allonge la durée moyenne de cotisation. Cela passe aussi par la mise en œuvre rapide de la réforme de l'assurance-chômage, afin que jamais le travail ne paie moins que le non-travail. Travailler plus collectivement, c'est continuer de rendre notre marché du travail plus efficace, afin de baisser notre chômage structurel. De la rupture conventionnelle aux ordonnances Pénicaud en passant par la loi El Khomri, la France a déjà parcouru un remarquable chemin en la matière. Il faut le poursuivre en rendant plus efficaces notre formation professionnelle et l'intégration en entreprises des jeunes (notamment les non-diplômés). Cet agenda du « travailler plus » sera acceptable, et même enthousiasmant, à partir du moment où les entreprises joueront leur rôle, en améliorant la qualité du management et en revalorisant, partout où c'est possible, les salaires. Comme le disent souvent les chefs d'entreprises eux-mêmes, on ne peut pas tout attendre de l'État...

Construire un discours de l'excellence

Il ne faut jamais désespérer de notre pays. Je vais vous raconter un petit morceau d'histoire de la France contemporaine pour terminer cet essai. Cela nous paraît loin maintenant, mais, à partir de la fin de l'année 2020, les fameux vaccins à ARN messager contre la Covid-19 ont commencé à être mis sur le marché. Dès ce moment-là, j'ai commencé à réfléchir à la campagne de vaccination qu'il faudrait organiser afin d'alimenter mes chroniques, dès la période de Noël : la gestion des achats, les questions d'approvisionnement, de transport et de conservation des doses, la mobilisation des personnels médicaux pour les administrer, l'ouverture de centres de vaccination. Je voyais le Royaume-Uni, l'Allemagne, Israël se mettre en ordre de bataille avec l'énergie des pays qui voulaient sortir, vite, de la crise. En France, il ne se passait rien. Le gouvernement abordait à peine le sujet, le président de la République ne s'en était pas emparé, l'administration était aux abonnés absents. Pendant plusieurs semaines, y compris pendant les vacances de Noël, j'ai écumé les plateaux de télévision et de radio, multiplié les tribunes, harcelé nos gouvernants de SMS : la campagne se mettait à peine en place. C'était absolument délirant, affolant, décourageant. Nous manquions de doses, on ne prévoyait pas d'ouvrir de centres de vaccination, la France nous faisait honte. Et puis, le sujet a fini par faire la une des médias, le président de la République en a fait une affaire personnelle, le gouvernement s'est réveillé, l'administration s'est organisée. En quelques semaines, la France est devenue l'un des pays au monde où la campagne de vaccination a été la plus massive, la plus efficace, la plus remarquable. En quelques semaines, notre pays est devenu un exemple pour les autres. C'est cela, la France : un moteur à explosion, un pays capable du pire comme du meilleur, capable de passer du pire au meilleur.

L'« à-peu-près » est un état d'esprit global, une « étrange défaite » psychologique collective. Et pourtant, la France porte l'excellence dans sa culture. La pianiste Hélène Grimaud, le footballeur Kilian Mbappé, la microbiologiste, biochimiste et Prix Nobel de chimie Emmanuelle Charpentier, le violoniste Renaud Capuçon, l'actrice Charlotte Gainsbourg, le chef Guy Savoy, l'architecte Manuelle Gautrand, le chanteur Étienne Daho, la présidente de la BCE Christine Lagarde, l'homme d'affaires Bernard Arnault, le couturier Hedi Slimane, la chanteuse

Françoise Hardy, etc. Autant de personnalités qui incarnent l'excellence française, sans que ce soit un hasard. Je connais personnellement plusieurs d'entre elles. Elles ont en commun le culte de la qualité, la lucidité quant à leurs défauts, la passion du travail, le don de l'organisation et l'ouverture d'esprit. Ce sont des personnes qui ont quelque chose de très français et qui universalisent cette qualité, ce qui en fait des vedettes à l'étranger. Chacune de ces personnalités a reçu un don ; mais qui n'en a pas ? Leur succès tient au fait de l'avoir identifié et fait prospérer par un travail acharné et une grande rigueur. Aucune d'elles ne s'est jamais laissée aller à la médiocrité ; aucune d'elle n'exerce son métier « à peu près ». Elles sont engagées et visent l'excellence.

Il est vrai que les théories du développement personnel qui prolifèrent nous enjoignent à nous recentrer sur nous-mêmes, à nous « foutre la paix », à ne pas viser trop haut. Dois-je avouer que je pense l'inverse sur toute la ligne ? Je prône l'ouverture sur les autres, l'éthique du travail et la passion de l'excellence (que l'on n'atteint jamais tout à fait, alors autant la viser !). Surtout, il me semble que c'est dans cette excellence que se loge le destin de la France, qui n'est pas un pays comme les autres. La France partage avec le Royaume-Uni cette histoire chahutée, ce destin passionnant, cette capacité à embrasser le pire comme le meilleur. Notre pays n'est pas tiède, et « l'à-peu-près » le place sur une poutre étroite et instable. Nous risquons de basculer vers le pire, qui serait entériné par le choix politique majoritaire du populisme. Changeons d'état d'esprit et choisissons collectivement l'éthique de l'exigence, de la qualité, du travail, de l'investissement. Retrouvons le sens du grand destin de la France.

Table

Composition et mise en pages
Nord Compo à Villeneuve d'Ascq

CET OUVRAGE
A ÉTÉ ACHEVÉ D'IMPRIMER
SUR ROTO-PAGE
PAR L'IMPRIMERIE FLOCH À MAYENNE
EN FÉVRIER 2023

N° d'impression : 101929
Imprimé en France